# 科技化的运动体育

王子安◎主编

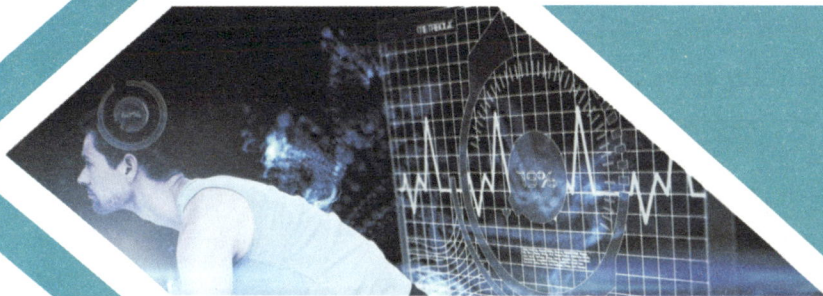

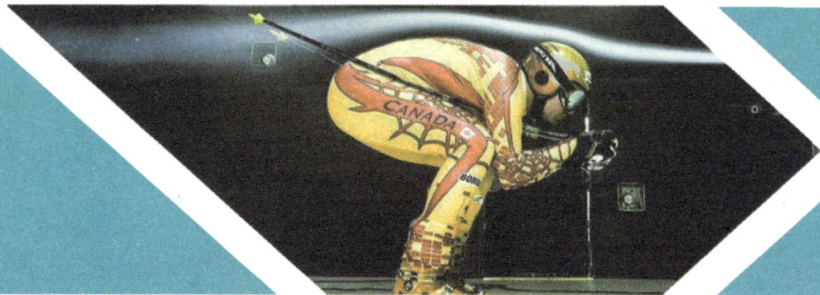

汕頭大學出版社

图书在版编目（CIP）数据

科技化的运动——体育 / 王子安主编. -- 汕头：
汕头大学出版社，2012.4（2024.1重印）
　ISBN 978-7-5658-0683-4

　Ⅰ. ①科… Ⅱ. ①王… Ⅲ. ①体育—通俗读物 Ⅳ.
①G8-49

中国版本图书馆CIP数据核字(2012)第057647号

**科技化的运动——体育**

主　　编：王子安
责任编辑：胡开祥
责任技编：黄东生
封面设计：君阅天下
出版发行：汕头大学出版社
　　　　　广东省汕头市汕头大学内　邮编：515063
电　　话：0754-82904613
印　　刷：唐山楠萍印务有限公司
开　　本：710mm×1000mm　1/16
印　　张：12
字　　数：80千字
版　　次：2012年4月第1版
印　　次：2024年1月第2次印刷
定　　价：55.00元
ISBN 978-7-5658-0683-4

版权所有，翻版必究
如发现印装质量问题，请与承印厂联系退换

# 前　言

　　青少年是我们国家未来的栋梁，是实现中华民族伟大复兴的主力军。一直以来，党和国家的领导人对青少年的健康成长教育都非常关心。对于青少年来说，他们正处于博学求知的黄金时期。除了认真学习课本上的知识外，他们还应该广泛吸收课外的知识。青少年所具备的科学素质和他们对待科学的态度，对国家的未来将会产生深远的影响。因此，对青少年开展必要的科学普及教育是极为必要的。这不仅可以丰富他们的学习生活、增加他们的想象力和逆向思维能力，而且可以开阔他们的眼界、提高他们的知识面和创新精神。

　　现代世界的体育竞技，不仅仅是运动员、教练员和运动队之间的竞争，而且也是科技力量的较量。借助科技的力量，人类不断地挖掘潜能、冲击极限，使体育竞技向着"更快、更高、更强"的目标挺近。《科技化的运动——体育》一书主要讲述了科技与体育二者的密切联系，科技帮助体育发展、科技在体育上的运用和科技与体育真正的结合。通过阅读本书，会帮助读者更好地了解科技与体育的密切关系。

本书属于"科普·教育"类读物，文字语言通俗易懂，给予读者一般性的、基础性的科学知识，其读者对象是具有一定文化知识程度与教育水平的青少年。书中采用了文学性、趣味性、科普性、艺术性、文化性相结合的语言文字与内容编排，是文化性与科学性、自然性与人文性相融合的科普读物。

此外，本书为了迎合广大青少年读者的阅读兴趣，还配有相应的图文解说与介绍，再加上简约、独具一格的版式设计，以及多元素色彩的内容编排，使本书的内容更加生动化、更有吸引力，使本来生趣盎然的知识内容变得更加新鲜亮丽，从而提高了读者在阅读时的感官效果。

尽管本书在编写过程中力求精益求精，但是由于编者水平与时间的有限、仓促，使得本书难免会存在一些不足之处，敬请广大青少年读者予以见谅，并给予批评。希望本书能够成为广大青少年读者成长的良师益友，并使青少年读者的思想能够得到一定程度上的升华。

2012年3月

1

# 第四章　计算机与运动训练

# 第五章　营养与运动能力

# 第六章　运动疲劳与高效恢复

# 第七章　科学健身健美

# 第一章

# 体育插上

## 科技的翅膀

# 科技化的运动

## 体育

21世纪是一个竞争极为激烈的时代，科学技术将成为各个国家竞争的核心。马克思早在100多年前就以其深邃的洞察力认为科学技术是生产力，称之为历史的有力杠杆，也是最高意义上的革命。20世纪80年代末，中国领导人邓小平又提出了"科学技术是第一生产力"的著名论断。

科学技术应用到了人们生活中的各个方面，当然体育也离不开科技。

鸟　巢

现代的体育竞技，不仅仅是运动员、教练员和运动队之间的竞争，而且也是科技力量的较量。借助科技的力量，人类不断地挖掘潜能、冲击极限，使体育竞技向着"更快、更高、更强"的目标挺近。现代的每一届奥运会，都有科技的理念在闪光，人类利用科技改变和推动着奥林匹克的发展，让奥运五环在科技光芒的照耀下熠熠生辉。

本章将主要讲述科技与体育二者的密切联系，科技帮助体育发展、科技在体育上的运用和科技与体育真正的结合。通过阅读本章，使我们更好地了解科技与体育的密切关系。

## 科技帮助体育发展

现代科学技术的迅猛发展，对体育产生了前所未有的影响，科学技术已成为体育发展水平具有决定意义的重要因素，体育也插上了科技的翅膀。

首先，现代科技的发展大大地促进了体育科技的进步。如今高科技手段广泛运用于运动训练中，提高了训练的科技化水平，促进了运动技术水平和比赛成绩的不断提高。

现代奥运会体育竞争在很大程度上其实是参赛国之间的科技较量，它不仅是体育科技实力的集中体现，而且涉及生物科学、信息科学、材料科学等领域内高科技技术对竞技体育的介入和影响。

其次，体育科技的作用和地位日益强化。由于现代竞技体育的水平越来越高，提高运动成绩的难度也就越来越大，为了在重大国际赛事和奥运会上取得胜利，世界各国都在力争运用最新的科技手段来挖掘人体运动潜能，取得最后的胜利。

1976年美国在奥运会上负于前苏联和民主德国后，就切实加强体育科研和科学训练工作。

2000年悉尼奥运会开幕式

3

# 科技化的运动

## 体育

1976奥运会开幕

1977年，美国奥委会在斯阔谷建立了第一个奥林匹克训练中心，然后又在美国奥委会总部所在地科罗拉多斯普林斯建立了第二个奥林匹克训练中心，在这些中心里集中了一批营养学、生物学、心理学、生理学、计算机以及其他学科的专家，开展体育科学研究和科技服务，配合教练员进行科学训练和技术诊断。这类科学研究和运动训练一体化的训练中心，对美国运动技术水平的进步起到了巨大作用。据统计，包括美国所有一流运动员在内，每年有12000至15000名运动员在训练中心进行训练。据报道，历时4年、耗资6500万美元、占地15平方千米的另一个加利福尼亚"阿尔科训练中心"也已经投入使用。

之前，前苏联曾长期居世界体坛霸主地位，这与其一直致力于建立世界一流的体育科研机构和科研队伍有密切的联系。前苏联早在20世纪30年代就建立了独立的体育科研所，其著名的全苏体育科研所在鼎盛时期人数达到1700多。前东德国家体科所有800人。此外，意大利、西班牙、法国、澳大利亚、韩国等国家也都相继建立了国家体育研究专门机构，最近，日本国家体育科研中心的新建大楼也将落成使用。

再次，当前世界各国的体育科研更具有开放性。体育科技的竞争促使越来越多国家的体育科研体制改变以往闭关自守、仅仅依靠少数专业人员进行研究的情况，形成面向社会、面向世界、面向其他学科的开放体系，建立了体育科研和教学训练相结合、专职研究和兼职研究相协作、体育科学和其他科学相联系的体育科技网络。澳大利亚为了能在2000年悉尼奥运会的游泳项目中取得好成绩，他们花费100万美元购买了前苏联准备奥运会的全部资料，并聘请了以著名运动员波波夫教练为首的公关小组共同工作，其成员有来自英国、加拿大等国的教练员、科研人员，最后取得了引人注目的成功。

第四，体育研究日益表现出高度的综合性、整体性与专业性、个性

第27届奥运会开幕式

5

体育知识宣传

化有机统一的特点。体育研究的多学科综合研究趋势也日益明显。体育是一个复杂的社会现象，其中仅竞技运动的训练过程，就涉及几乎所有的体育学科知识。有学者统计，提高运动成绩的因素达150多项，包括体质、素质、机能、心理、技术、战术、智力及多种社会因素，这一现象的研究涉及人体形态学、遗传学、解剖学、组织学、生理学、生物化学、营养学、医学、心理学、教育学、管理学、信息学等众多学科，只有从学科的角度进行综合的考察和研究，才能找出其发展的规律，求得更加有效的整体解决问题的方法。

经过各国的运动实践证明，多学科综合研究是提高科研能力最为有效的途径，这种高度综合的体育，也促使体育科学产生一系列变革。

与此同时，针对运动员具体的个性化研究也在不断加强和深入。毕竟运动员是以个体形式参加竞技活动的，具有区别于其他人的个性特点，因此，深入挖掘开发优秀运动员的个体能力将是21世纪运动科学研究的重点。

目前运动训练学的研究更要注重对专项规律的探索，体育创新更注

意专项和个性，如研究采用符合运动员个人特点的运动技术、运动器材
装备、服装、鞋的特别设计，符合个
人需要的特质营养品的生产等。

兴奋剂

同时，我们也应该认识到科技领
域的兴奋剂与反兴奋剂斗争更为激
烈。自20世纪40至50年代，当兴奋剂
出现在竞技比赛场之后，兴奋剂与反
兴奋剂便成为体育竞技领域的关注热
点，也成为了体育界长期的、永恒的主题。

在未来的体育竞技中，不管任何时候都应该提倡科技、文明，反对
使用兴奋剂等不正当的手段来取得竞技的胜利。

## 体育科技大扫描

科学技术发展史表明，在科学技术发展中，各门学科、技术总是
处于不平衡的发展状态中，在一定时期内，有少数学科、技术往往居
主导地位，起着比较重要的作用。下面将前沿的部分体育科技做一次
科技扫描。

☆ 计算机技术在体育中的运用

计算机技术的飞速发展和互联网的出现，象征着人类社会已经进入
了信息化时代。体育运动在科学技术的推动下，飞速发展，取得了巨大

# 科技化的运动

体育

计算机

的成果。其中，高数宽带智能化综合数据网、多媒体技术、语言、文字识别与机器翻译、虚拟现实等，模拟大脑活动而发展的计算机原理、新的计算方法和软件是计算机科学的前沿领域。

西方国家的一些学者指出，以计算机技术为中心的高科技手段在体育中的应用，将促使整个体育运动产生革命性变化。目前计算机技术在运动训练中的运用，主要表现在以下几个方面：建立图像识别系统、利用图像重叠技术对技术动作进行图像处理并及时反馈。

利用互联网技术对运动员训练和比赛问题实施远程指导，通过运动医学、训练、心理学专家诊断，可使运动员在同一时间收到工作在不同地方和不同领域的权威专家的声像指导，通过这样的方法还可以解决运动员流动训练的文化教育等问题。

运用计算机大量存储数据资料、高速运算、模拟分析的功能，建立多功能大型转向数据库，可以准确地分析训练方式、修正训练指导思想。

利用先进的计算机智能化功能，将计算机软件与先进的录像设备结合，组成"可使数据库"，将比赛情况记录下来，运用数据库的快键功能对比赛情况进行分类处理，将比赛现场技术战术信息，如对手的比赛

卫星雷达计算机分析反馈系统

线路和攻击点等迅速分析反馈给教练员，为教练员做赛前侦察、赛中指导及赛后总结提供有利的帮助。

利用卫星雷达计算机分析反馈系统，检测自行车、水上项目比赛和训练过程并进行技术和战术诊断与指挥。

运用计算机案件编程和多媒体技术，还可以实现体育管理的自动化、建立比赛管理指挥系统、裁判员评价系统等。

同时，在基础科研领域，通过计算机模拟信号转换技术，将呼吸、摄氧量、血压、肌电、心电、脑电等模拟型号进行转换后，再进行处理，可以遥控探测人体运动科学的动态规律。

计算机在体育领域的应用还有大量未被开拓的领域，其发展前景和成效是难以预计的，未来世界离不开计算机。

☆ 基因技术在体育中的应用

2000年最引人注目的科技成是人类基因组序工作草图的绘制完成，这一成果被誉为生命科学的"阿波罗登月计划""打开了生命天书的第一页"。人类基因技术的运用是现代生命科学研究取得重大

阿波罗登月

阿波罗11号飞船
登月

进展的标志之一。

从体育运动的角度看，随着分子生物学理论的进步与技术的飞速发展，尤其是DNA重组技术的广泛应用，人们可以从基因水平上寻找决定人类运动能力的基因，在分子水平上，探讨人体对长期训练的适应性变化，从而能更加科学和准确地评估个体的运动状态、运动潜力，加强对运动训练的控制。可以通过基因调控，防止运动性疲劳和提高运动疲劳恢复的速度；利用基因诊断技术对运动员进行身体机能评定；利用转基因技术改造人体化学组成；建立运动型伤病与运动意外基因诊断系统，进行运动员基因选材等。

☆ 材料科学的研究发展及应用状况

材料科学的最新成果主要体现在运动装备方面的应用，通过改进运动装备，可以提高运动成绩，同时，这也为竞技运动时间所证明。

日本科研人员发现游泳运动员的游泳衣在比赛中所产生的阻力约为总阻力的3%，为减少这一阻力，取得更好的成绩，科研人员在泳装降阻方面花费了很大的功夫。

生物和物理学家测定表明，跑鞋的重量每增加100克，运动员的体能消耗就会增加1%，为降低跑鞋重量，1991年，日本美津浓公司为卡尔·刘易斯制作了重量仅为115克的专用跑鞋。该跑鞋的重要部位选用的是航空材料，刘易斯以9秒86打破世界记录时用的就是这一跑鞋。在第27届奥运会上，短跑运动员的跑鞋上使用了新的"Z"字型钉。

德国阿迪达斯公司生产出一种新型的足球衣，来减轻足球运动员服装的重量。球衣布料纤维直径仅为发丝的1/50，5千克纤维即可绕地球一周，非常轻便，从而当年参赛的24支足球队中，就有16家球队穿上了该公司的服装。

澳大利亚科研人员选用特质材料造了自行车运动员头盔，并改变帽型与结构，从而减少空气阻力，据测验，在100千米计时赛中，这种头盔可以提高15秒钟的成绩。

新材料的科技前沿和杰出代表是纳米技术，纳米是长度单位，1纳米是1米的1/10亿，20纳米相当

刘易斯的跑鞋

**自行车运动员头盔**

于1根头发的1/3000。这项技术就是对原子和分子进行加工，并且将其组装成具有特定功能的结构，控制小到肉眼看不见的材料，从而向微观科技发展。

我们可以预见：纳米技术在体育运动领域的开发运用将极大地改变体育运动的面貌。据报道，现在各国正在运用纳米材料生产阻力更小的泳衣。我国的青岛双星技术开发中心已于近期研发出第一双纳米鞋。

☆ 运动心理学的研究发展

专家认为，研究最复杂客体的心理学和认知学将成为后来崛起的高峰，在更远的年代可能代替成为新的科学。人脑的工作机理将是21世纪的前沿。对大脑功能的研究开发是解开人类奥秘的关键。

国际运动心理学界的研究着眼于开发运动员心理潜能和脑潜能，运用认知心理学、神经心理学原理，把对大脑功能的研究提高到一个新的层次。

☆ 科技在2008年奥运会上的运用

"科技奥运"是2008年北京奥运会倡导的三大理念之一，也是奥运史上首次明确把科学技术的作用与举办奥运会相结合。从"鸟巢"大跨度钢结构应用技术、闪耀科幻色彩的"水立方"膜结构和膜材料技术，在奥运历史上第一次在电视转播中采用的中英双语同时显现技术等，无不是尖端科技的结晶。科技已成为体育的重要支柱，它已经全方位地服务了2008年北京奥运会。 互联网、手机、多媒体、高清电视更不必说，为运动员、教练员和媒体记者提供交通服务的"穿梭巴士"，在科技手段的主导下，成为了名副其实的"绿色车队"，同时也保证了奥运场区交通实现"零排放"。在奥运场馆中，大量采用了太阳能、风能、地热和地源热泵等先进技术提供的绿色能源。此外，2008年北京已经建成了国际一流的道路交通管理系统，为奥运参与者和社会公众提供高效、安

水立方、鸟巢夜景

全、人文的交通服务。科技为奥运加油，2008年北京奥运会放射出了前所未有的魅力。

（1）高清电视转播车

2008年1月15日，由索尼中国专业系统集团为北京电视台打造的高清电视转播车举行了交接仪式，这辆高清电视转播车已经用于制作2008年

北京电视台高清电视转播车

北京奥运会足球预赛和决赛的国际信号。

（2）数字化赛艇训练测试系统

北京中天睿华科贸有限责任公司的工作人员在中国国际展览中心科技奥运展馆检测安装好的数字化赛艇训练测试系统运用到了2008年奥运会上。

（3）飞机上阵"消云减雨"

2007年8月8日，工作人员为"运8"飞机安装催化材料。为保障2008年奥运会开、闭幕式顺利举行，北京、内蒙古气象部门于2007年8月8日

至9日联合在呼和浩特进行2008年奥运会"消云减雨"演练。

（4）风能路灯"一灯两用"

青岛奥帆中心在风能资源丰富、独特的主防波堤建设安装了41盏风能灯，每盏灯14000元，总投资57400元，每盏可供55瓦钠灯每天照明8小时，每年节约用电6570度。同时，这种环保的

风能路灯

节能灯还肩负着另一个重要的作用，如果你看到路灯上的螺旋桨正在匀速地转动，这样的转动不仅可以为路灯带来运行能量，而且它还是一个重要的标志，标志着风速已经达到了帆船比赛举行的标准了。原来，根

第29届奥运会帆船比赛

据当初的设计，这个风能灯在风速达到每秒钟3米时才会运转，这就意味着，只要风能灯运转着，就达到了帆船赛举办的风力要求，运动员们就可以下海扬帆一试身手了。

## 体育与科技的联姻

1896年第一届雅典奥运会参赛国仅有14个，运动员241人，其规模和今天一个普通中学的校运会相当。早期奥运会组织工作由于完全是由人工操作，其中的粗疏与混乱更令人难以置信。1900年巴黎奥运会究竟设置了多少项目，到底决出了多少奖牌，至今还是一个未知数。并且还发生排错赛程、报错成绩、发错奖牌、用错国旗国歌的事件。然而，当奥运会插上了科学技术的翅膀之后，像1900 年巴黎奥运会的错误已经扼杀在了摇篮里。今天的奥运会已经日益向超大规模化发展，200多个代表队，1万多名参赛运动员，2万多名媒体记者，5万名服务人员，数十万观众。这种突如其来的"百万人的拥抱"必须有条不紊、秩序井然地进行，不然其后果是难以想象的。奥运会的竞赛管理和信息发布是世界上规模最浩大、技术最复杂的信息系统工

首届奥运会主场馆

程，数千台电脑终端成为连接每个竞赛点、记分台、显示屏、数据库的神经末梢，互联网系统必须在大容量、高密度的用户访问中"游刃有余"。其中，2000年悉尼奥运会被誉为最"e"化的奥运会，如今每届奥运会都要像移交五环旗一样，把本届的大型信息服务

1900年巴黎奥运会场馆图

成果移交给下一届组委会。这里没有商业秘密可言，如果失去信息系统总体架构的完整性和延续性，奥运会将无法顺利进行。

然而一百多年来，始终有人怀着深深的忧虑和戒惧，试图阻止科技从体育舞台的边缘向中心挺进，并主张拆散体育和科技的联姻，恢复奥运赛场上真正的"原生态"。然而，突飞猛进的现代科学在一百年间彻底改变了人类的全部生活，自然不能将体育划为"科学免进"的"保护区"。至于兴奋剂等奥运史上的弊端和丑闻，不过是人对科技的错误应

悉尼奥运会开幕式

17

# 科技化的运动

## 体育

2008奥运兴奋剂展

用，解决的途径也只能靠科技发展。对百年奥运的抚今追昔和"忆苦思甜"足以使人相信，没有科技，奥运会成不了今天的气候。离开科技，体育将陷入原始和瘫痪。

战争年代里，人类总会最先将科技成果用于军事，并把战场当作高科技武器的试验场。体育作为"没有硝烟的战争"，无疑也会优先使用最新科技成果，而每届奥运会也真的成了先进技术和尖端装备的展示橱窗。体育竞赛的巨大需求反过来成为科学发展的重要引擎。

在体育运动成绩日益逼近人类极限的今天，从某种意义上说，体育的竞争就是高科技的竞争，"技不如人"，也许首先是"科技不如人"。而科技和体育的"共生关系"，将继续伴随奥运会走向明天。

18

# 第二章

# 科技是竞技体育的第一推动力

# 科技化的运动

## 体育

体育运动的发展是一个不断创新和进步的过程，从生活技能、游戏活动逐渐发展成为体育运动，并在技术、战术不断演变的过程中发展成为现代的高水平竞技运动，体育运动的科技含量也日益增加。特别是在当今激烈竞争、高强度地对抗的竞技赛场，高新科技不断地为运动健儿们提供"秘密武器"，并由此不断推动竞技体育的革新和发展。

什么是竞技体育？所谓竞技体育就是"在全面发展身体，最大限度地挖掘和发挥人在体力、心理、智力等方面潜力的基础上，以提高运动技术水平和创造优异运动成绩为主要目的的一种活动过程。"竞技体育具有强烈的竞争性、超人的体力与技艺性、高尚的娱乐性等特征。现代高水平的竞技运动的发展，无一不是以现代科学技术为源泉和动力的。

本章主要讲述科技是竞技体育的第一推动力，因为有了科技的推动，人类才能在体育竞技中一次又一次地向高处发展，没有最好，只有更好。本章从撑杆跳、游泳等项目来阐述这一道理。

新一代跑鞋

从刘易斯的跑鞋谈起 "百米飞人"刘易斯连创佳绩，令世人震惊。除其所据实力技高一筹外，还有刘易斯脚上的那双特制的轻盈而坚固的陶瓷鞋钉跑鞋，使其如虎添翼，出奇制胜。跑鞋发展至今已不是一般的日用品，而是高科技与人体运动力学原理的完美结合。

每当我们跑出一步，那只着地的脚所承受的重量是体重的3倍。这就是说，如果体重是45千克，每跑一步，着地的那只脚便要承受135千克的重量。所以，跑鞋选择不是简单的一件事，而是一门高深的学问。跑鞋最重要的部分是鞋底，特别是中底最低层和外底，中底是鞋身与外底之间的一层。专家们认为高科技跑鞋具有三大特色：一是极佳的避震功能，穿着时备感舒服和安全；二是具备"回输"的功能，能释放吸震时储蓄的能量，使运动员感到省力轻松；三是附着力强，运动员易于控制，保持正确姿势，避免滑倒。

新一代跑鞋的结构有革命性的突破，其鞋底是由马蹄形的气垫后跟和各种适应脚

"前飞人"刘易斯

不同部位和不同运动的花纹组成。所谓气垫后跟，是鞋跟中央位置装有一个小巧的风琴形气垫，利用气垫吸震并同时吸收能量产生反弹力，压力增大，反弹力也相对增加，这比传统的防震后跟仅有吸震功能大大改进了一步。新型气垫后跟内的气垫可以更换，根据运动员体重、脚型和运动需要的差异，气垫也有不同的密度和型号。设计人员经过长时期的不懈努力，终于设计出新一代跑鞋，并在科技革命的浪潮中不断地进行完善。

在墨西哥奥运会上，日本人小林一敏带给盛会一件秘密武器——带发条的一双跑鞋。这种跑鞋的鞋底呈波状，装有扭成"S"型的钟表发条。谁知开赛前国际田联突然宣布禁止使用任何特殊结构的跑鞋，小林一敏的秘密未显身手便化为泡影。但是小林一敏并未死心，在慕尼黑奥运会的前夕，他又对跑鞋做了认真的研究，将鞋钉前端制成圆柱型，以取得最佳摩擦力。众所周知，鞋钉在土跑道上的最佳摩擦力通常是通过调整鞋钉长度获得的。

特制跑鞋

但在全天候跑道——塑胶跑道上，多长的鞋钉为宜，连国际田联也心中无数。在田径运动中，运动员起跑时较容易滑倒，因此要求鞋与跑道的摩擦系数必须控制在0.8左右；但一般跑鞋鞋底和跑道的摩擦系数只有0.4至0.6，因此需要鞋钉来增大摩擦系数。小林一敏迫切希望自己的杰作能投入实际使用，但他的同胞日本队却固执地认为鞋钉会扎入跑道而拒不采用。而在慕尼黑奥运会上，美国队的跑鞋上却采用了圆柱型的鞋钉。

日本水野公司用陶瓷鞋钉替代了传统的铁钉，为短跑巨星刘易斯制造了一双轻盈坚固、便于加速的跑鞋。由于陶瓷耐磨且钉子周围无任何附粘物，因而使鞋的重量减轻了20克。同时还针对刘易斯跑步的特点，调整了鞋钉的方向和位置。刘易斯在汉城奥运会100米跑、200米跑、跳远和400米接力赛上所穿的跑鞋都是根据不同项目和场地特点分别专门设计的。水野公司共为刘易斯制作了250双比赛用鞋。先进的设计、高科技的运用，无疑成为刘易斯名垂青史的十分重要的因素之一。

## 今非昔比的撑杆跳

竞技体育运动中很多项目，必须借助器械来进行，因此运动成绩与器械性能的好坏有着密切的联系。

在撑杆跳高运动中，其关键器材是撑杆，它起着传递力量、积蓄能量，使运动员越过一定高度的重大作用。在撑杆跳运动中，撑杆的改进

体 育

撑杆跳

已经历了木杆、竹竿、金属杆、玻璃纤维杆等4个阶段。

在撑杆跳高历史上，日本运动员曾称雄一时。1932年盛夏，"天使之城"洛杉矶迎来了第十届奥林匹克运动会，日本选手西田修平在这次运动会上，奇迹般地越过4.30米的高度，获得了亚军。然后又在柏林奥运会上夺得银牌。日本人在撑杆跳中获得如此好的成绩，其中很重要的原因是日本有着丰富的竹资源，世界优秀撑杆跳选手在当时无一例外地都使用日本加工出来的具有很高强度和韧性的竹竿。

在1942年，美国选手娃妈塔姆以一种新型的竹竿跳出了4.77米的好成绩，从那以后，竹竿在世界记录中便失去了昔日的光彩。第二次世界大战的战火让日本成为了废墟，使各国竹源中断，这就迫使欧美各国不得不开发轻质合金的金属撑杆。美国开发的金属杆直径均匀不易弯曲的特点胜过竹竿，但是这种抗弯性能好的杆子在插入插穴时则会产生很大的冲击力，要求运动员必须练出发达的肌肉，因此新的撑杆跳高世界记录虽有更新，但却

撑杆跳高

布勃卡

是十分有限。

真正使竹竿跳高记录腾飞的是玻璃纤维杆。虽说玻璃纤维杆的弯曲性能刚出现时并不十分理想，但它的风姿却出乎意料地迅速席卷全球。从此，撑杆跳高的成绩突飞猛进。仅1962至1963年，世界纪录就被刷新4次，共提高了26厘米。世界撑杆跳高名将布勃卡，正是用玻璃纤维杆越过了6米大关，他认为，必须再

25

研制新的撑杆，才能提高运动员的成绩。

如今，撑杆跳高运动员使用的已经是一种弹性非常好的碳素纤维杆。而运动员着地的坑里，不再是扎人的沙或木屑，而是气垫。这些新材料的使用对撑杆跳高运动员来说帮助是非常明显的。

## 隐藏玄机的尼龙泳装

在游泳运动中，取得良好的成绩与泳衣也是密切相关的。通过研究表明，水的阻力大约是空气阻力的800倍。这就是说，要减少相同的阻力，在水中要比在空气中困难得多。两名体型、推进力相同的选手，在100米自由泳竞赛中，如果其中一个的阻力能减低1%的话，他的时间可加快0.15秒，换句话说，他就能领先30厘米。因此，泳衣的选择对夺取金牌起着十分重要的作用。世界各国都在积极研究与设计"低阻力泳装"，以尽可能地减小游泳者与水的摩擦。

水的阻力与水的密度、

低阻力"鲨鱼皮"男款泳装

游泳者的正面面积、摩擦系数以及游泳者的速度的平方成正比。显然，对于选手来说，水的密度完全相同，要取胜只能提高速度。这意味着为了减少游泳者的阻力，必须设法减少正

游　泳

面面积摩擦系数。曾经，日本一位游泳名将曾提出裸泳可以创造最好的世界纪录。然而事实并非如此。荷兰人曾对此做过对比实验，证明不穿泳衣的平均阻力比穿泳衣大9%。其次，穿游泳衣可遮住身体的凹凸使之趋于流线型，水阻力引起的身体变形也可得到一定程度的减少。

于是人们就在思考：什么样的泳衣能把水阻力减少到最小呢？首先，泳衣拉力强度要大，以使泳衣束紧全身，减少人体的正面面积；同时剪裁愈趋于流线，其阻力愈小。其次，泳衣要有适度的伸缩性，既能使选手肢体随意伸展，又不妨碍其肌肉充分运动。第三，要使水不会从泳衣表面进入，又

游　泳

"鲨鱼皮"女款泳衣

要使进入泳衣的水能顺利流出。第四，使用质轻料薄、表面光滑的材料，这样可以减少阻力，同时给人以接近肌肤，使选手更舒适。

日本前泳坛高手前烟秀子穿的游泳衣曾是丝绸做的，但是，其效果并不理想。1950年起尼龙泳衣开始风靡世界。这种泳衣可以随着身体自由伸缩，尤其是经线方向更易伸长，因此在胸褡处衬入橡胶层。1964年东京奥运会的游泳衣，质地厚，胸部承受最大的水阻力。为了减轻游泳者的受压感，于是在胸前缝制了大太阳标志。然而，这种设计仅维持到1968年的墨西哥奥运会。1972年慕尼黑奥运会时，一种新的毛线泳衣出现了，然而，这种泳衣只在一个方向上有伸缩性；针对水易于从皮肤和泳衣交界处流入和背部裸露很大等问题并未解决。1946年，在蒙特利尔奥运会上，游泳衣再展新容。

1974年，美国杜邦公司生产了一种双向伸缩的聚氨脂纤维，也就促成日本推出一种不用胶层游泳衣。泳衣反面用的就是纵横两个方向都可伸缩的聚氨脂纤维，它能防止衣服伸长时从缝中流入过多的水，性能飞跃性地提高。

1984年洛杉矶奥运会上的游泳衣，则取消了胸前的大太阳标志，肩带和胯部的裁剪也做了相应的改进，性能又有提高，1988年，汉城奥运会上推出的游泳衣，质地薄，表面光滑，伸缩性能非常好，与水的阻力比过去的游泳衣减少了10%。

目前，科学家们正在研制一种鱼类皮肤特点的超能力的游泳衣。"已知鱼类与海豚的身体表面，能分泌出滑溜溜的黏液，可减小水的流体力学阻力，迅速游动。"进行这项实验的日本筑波大学副教授野村先生说，"构想中的泳衣，从帽子到裤子设计成一体化，在其表面涂上分子量为400万的高分子化合物。与水发生摩擦时，高分子化合物剥落，阻力即减。"经过实验数据证明，这种泳衣阻力值较一般泳衣减少10%，由此推算100米自由泳，约可缩短2秒时间，提高了游泳成绩。

高科技泳衣的研发与不断涌现，将为游泳健儿们超一流水平的发挥提供有力的支点。

澳大利亚游泳健将索普与他的"鲨鱼装"在悉尼奥运会上出了名，但是在2003年7月的世界有用竞标赛上，他又换上了一款名为"喷气概念"的高科技泳衣。

德国阿迪达斯公司为索普定做的新式泳衣，因其概念来自喷气机的排气口，而

身穿阿迪达斯"喷气概念"泳衣的索普

被命名为"喷气概念"泳衣。与"鲨鱼泳衣"相比，新式泳衣最明显的变化是在腰部两边和臀部位置增添了一条油硅材料制造的细小排水槽，表面质感与绒衣类似。此外，为了充分调动选手的能量，2009年游泳世锦赛也采用了多种高科技，同时世锦赛游泳池内进行了多项技术更新。

## 高科技试验田径赛场

田径赛场一直是高科技的实验场，随着科技的进步，越来越多的新技术用到了体育场上。现代竞技运动日益变成了体能之外的技术竞争，世界各大体育用品公司纷纷推出高科技装备。这其中除了Speedo的革命性泳衣，还有碳材料垒球棒、超级轻盈的耐克跑鞋、制冷背心、飞行平稳的标枪……

迈克尔·约翰逊

耐克公司研制的代号Flywire的奥林匹克跑鞋在测试场上被跑坏。那天，穿着跑鞋的运动员被告知，要竭尽全力，测试这双绝密跑鞋的终极性能，运动员像风一样刮过。"鞋子从侧边爆开。"耐克的奥林匹克鞋类设计指导辛恩·麦克道威尔说："就像一只气球。"但是可以建造出某种特别坚固或者特别轻盈的东西，但是不可能两者兼顾；

因此有工字形钢，有羽毛，但是不可能把羽毛变成钢，或者把钢变成羽毛。在那时，重量最轻的跑鞋是迈克尔·约翰逊穿过的金质耐克跑鞋，重112克。即使在今天，它们也被视为工程学奇迹，因为它们针对比赛距离设计，当约翰逊跨过终点的一刻，也许在越过终点几米后，它们就会坏掉。但是在俄勒冈跑道上解体的Flywire跑鞋重量每双只有67克，也就是说，每只鞋的重量只有1盎司多一点儿，比约翰逊的跑鞋轻41%。

碳材料垒球棒

Flywire采用高科技细丝材料制成的鞋子的"骨骼"和形状。由于把支撑材料的分量减少到最小，Flywire不但轻如羽毛，而且也极为简单。制造也十分便宜，根本不费时间。因此，它在帮助提高成绩的同时，也有助于减少每只鞋的生产成本。它是从设计师的头脑中直接跳出来的构造，通过电脑芯片，在几秒钟之内"绽开"形成三维图像。"它开辟了新的前线。"Flywire首席设计师杰伊梅彻特说，"缝合模型的时代已经过去。这是一只完全数字化设计的鞋。"

为奥运会设计装置过程中获得灵感的并非仅有耐克公司。阿迪达斯、Mizuno、

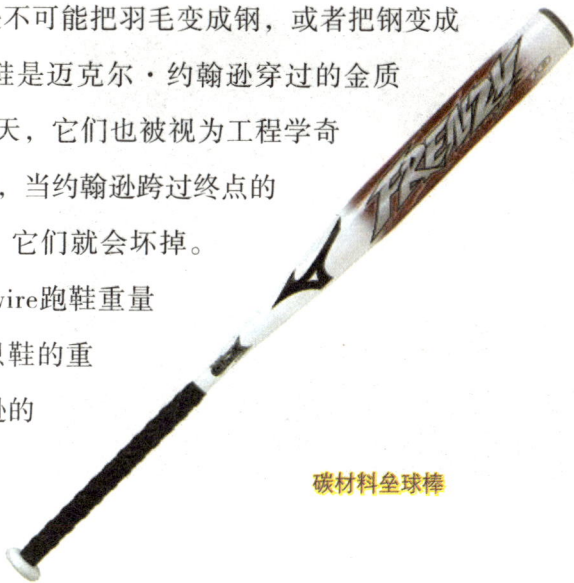

耐克Flywire跑鞋

Flywire跑鞋

GillAthletics（世界最大田径设备生厂商）、Speedo和许多公司都在努力改写运动技术法则。如阿迪达斯公司在北京奥运会开幕2年前，这家德国公司受命为400米世界冠军杰瑞米·瓦里纳研制新跑鞋。通过许多个小时观看瓦里纳奔跑的慢镜头，分析他的古怪姿势后，阿迪达斯公司决定取替他从前穿的Pookie跑鞋。Pookie跑鞋曾帮助瓦里纳赢得雅典奥运会400米冠军（和之后他所参加的几乎所有的400米比赛）。给他穿上了一款新跑鞋名叫"孤星"，它带皇冠标志。孤星代表瓦里纳的家乡得克萨斯州，也代表他在400米跑项目上的绝对优势。"孤星"有一个史无前例的特点：向左倾斜。

很多中距离跑比赛都取决于弯道。竞赛选手从不右转，因此，卢瑟手下的50名生物力学工程师、工业设计师和电动机械专家开始为瓦里纳设计不对称跑鞋。这双鞋采用超轻盈的碳鞋底，这种纤维碳纳米管材料比钢铁还坚

瓦里纳

固20倍。"它们将使施加在他的右脚外侧的力线转向，"卢瑟解释说，"把它引导向内，朝向大脚趾方向。"换句话说，瓦里纳的新右脚跑鞋将向左加速。

GillAthletics的工程部副总裁杰夫·瓦特里在重量和力量之间找到了近乎完美的平衡，创造出既轻盈又符合空气动力学，并且不会摧毁运动员的标枪。他的方案是铝质标枪，外面包裹碳纤维材料，好比用碳纤维编制的渔网丝袜包裹着一根硕大牙签。这种铝和碳成分各半的标枪减少了对投掷者肘部的压力，将OTE的震动时间减少10%，这就是一次巨大的飞跃。

马克·斯皮茨

1972年，美国游泳名将马克·斯皮茨身穿星条图案的尼龙游泳裤赢得7块金牌，使Speedo公司名声大震。然而，这家英国公司的成功开始于

Speedo公司的泳衣

1932年创造的第一个世界纪录，之后它不断革新，保持优势。如从1968年到1976年，连续3届奥运会上，70%的获奖选手穿着Speedo泳衣，包括墨西哥奥运会上29位游泳金牌得主中的27人。

Speedo公司通过加固泳衣，让运动员变得更"轻盈"。采用经过美国宇航局风洞测试的材料，LZR比尼龙弹力泳衣施加在穿着者身上的压力高70倍。这套衣服不仅让穿着者变得更苗条，还让他们更"圆滑"。Speedo公司用一种高强度材料，把运动员的体形"塑"得更理想。采用电脑流体力学软件，Speedo找到运动员身上造成最大阻力的部位，然后在这个位置加入光滑的聚亚安酯板材，达到挤压，重塑臀部、胸部、大腿这些大阻力部位的外形的效果，达到提高运动成绩的最终目的。

☆ 悉尼奥运会高科技

2000年悉尼奥运会上，一个非常明显的现象已经被人们广泛地关注：那就是来自各个国家和地区的优秀运动员们在拼毅力、斗志和实力的同时，也展现了一场高科技的较量。在现代体育运动中，高科技已经被广泛地运用在各个项目上，为运动员更加科学地训练和出成绩方面发挥着重要的作用。

（1）田径场上的各种装扮

在2000年悉尼奥运会的田径比赛上，运动员采用各种新花样让人们耳目一新。"女飞人"琼斯身穿的有耐克公司为她特制的新式比赛服，这种比赛服可以减少空气阻力，而且还能使肌肉发热，容易出好成绩。

阿迪达斯公司为中长跑运动员生产的长及膝盖的的运动袜，能够促进肌肉循环，加速血液的流通，使肌肉提高效率并保持热量，提高运动员的成绩。

为了提高短跑和跨栏运动员的速度，运动员的鞋子的重量也大大地减轻了。在悉尼，有人形象地将这种变轻了的鞋称为"带钉子的袜子"。

美国铁饼运动员里德尔穿的一只袖子的运动服，其实它也是高科技的产物。在投掷铁饼时，紧身的袖子里包裹投掷者的臂膀，通过压力增加了肌

"女飞人"琼斯

美国铁饼运动员里德尔

肉的感觉能力，这样就可以帮助他们更好地找到抛掷的感觉和时机。

（2）超级自行车

在悉尼奥运会上，美国很多的运动员骑上了一种新车型，其性能达到了顶点。这种被称为Ⅲ型的自行车更符合空气动力学的结构原理，装有压力达到了每英寸250磅的丝织轮胎。超级自行车的工程师还把车把安装在非常靠前的位置，使得车手们俯身骑车时，臀部高高地撅起，这样能够减少风的阻力，往往可以把成绩提高几秒。

另外，赛车手还穿上了改良的比赛服，其缝合处是根据气流特点设计的，可以降低摩擦，比皮肤还要光滑，据说也可以帮助运动员将比赛成绩提高1到3秒。

自行车比赛

**射 箭**

（3）射箭与射击

2000年悉尼奥运会时，正好是9月，澳大利亚的9月是一个经常刮风的季节，在奥运会村所在地霍姆布什海湾，阵风有时可以达到50英里每小时。在运动员射出的羽箭以每小时130多英里飞向230英尺以外的箭靶时，强大的风力可以对纤细的箭的运行速度和方向产生严重的影响。

为了帮助运动员在比赛中让箭沿着正确的方向飞行，不影响比赛成绩，美国运动员使用了直径只有五分之一英寸的羽箭，箭头前端安装了用钨做成的箭头，箭杆外面涂上了光滑的碳石墨以减少空气阻力。

在射击方面，美国的工程师使用激光器和录像带来检查运动员射击时的准确度，绑在胸前的的心脏监测器则能够精确地测量出运动员脉搏跳动对射击准确性的影响。

（4）拳击袋里的秘密

美国教练员利用装有测量仪器的拳击袋来掌握运动员出拳的力量。这种拳击袋与普通的拳击袋没有太大的区别。然而，唯一的不同是在袋里插进了一根与拳击袋长度一致的由聚氯

美国射击名将埃蒙斯

乙烯制成的管子，内部安装了一种被称为加速度计的装置，它是一块3英寸大小的布满了电路和导线的晶片，可以将拳击手的的刺拳和钩拳的击打效果转换成图表，并在计算机屏幕上显示出来。教练员可以根据这些数据，在计算机上显示运动员击拳时的实际图像，从而可以很好地评判拳击手出拳的有效性，包括他的站位、手臂姿势和击拳动作等。

在悉尼奥运会上使用高科技最多的国家自然是美国，这也是美国稳稳地坐

拳击比赛

在金牌榜第一把交椅上的一个重要原因，这无疑也向人们证明其在体育比赛中大量运用高科技是明智和有效的。如今，已经有专家说，在21世纪，得科学技术者得天下。毫无疑问，这一真理在体育界也是适用的。

☆ 北京奥运会田径赛场上的高科技

（1）拣铁饼的遥控车

铅球可以用导轨"滚"回去，那铁饼怎么办？于是人们想到了一个办法，就是围栏里这两个红色的遥控车。场边有两个志愿者控制这两辆车交替沿着场地边线前往场地上的工作人员附近，工作人员把铁饼放到小车里一会儿就运回去了。

（2）运送铅球的导轨

运动员们扔出去的铅球都有560米，一趟一趟的拣球可累坏了工作人

铅球比赛

39

员。黄圈里这个导轨就帮了大忙，沿着铅球场地的一侧铺设了这样的轨道，靠运动员的地方低一些，工作人员把铅球放到导轨上很快很轻松就能送到运动员那里。

（3）自动升起的围栏

在田径赛场上的很多项目比完之后都需要尽快拆卸器材和准备好场地，像铁饼场地这样的大网就不好收拾了。这些问题奥组委早就考虑了，那些大网就像电动窗帘一样可以自动升降，省时省力。

（4）自动升杆器

女子撑杆跳的高度都是4米以上，如果每次都人工架杆就太累也太麻烦了，而且可能还不够准确。于是人们就发明了自动升杆器，如果横杆掉了，自动架杆器就会降下来，工作人员把杆方上去就能升到指定高度，这个高度也是可控制的，也非常精确。

（5）沙坑自动抹平器

场地里同时有好几项比赛在进行，可是过了一会儿沙坑就像没人跳过一样平了！后来才发现原来是这个台子干的。黄圈里的台子可以沿着沙坑两边的导轨移动，走一次就把沙坑抹平了。

人到底能跳多高？目前世界男子室外跳高2.43米的纪录何时能打破？男子跳高的最高极限到底应该是多少？这是令世界

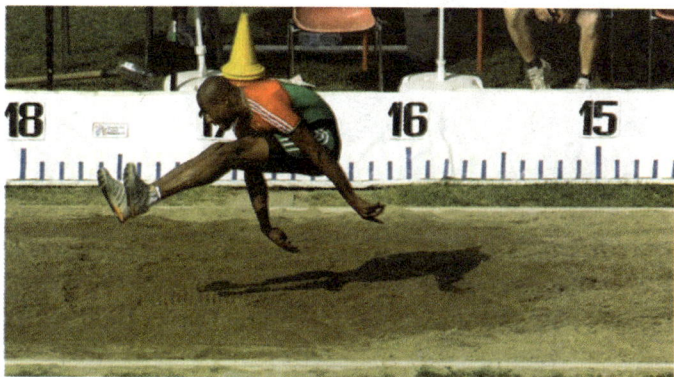

跳远沙坑自动抹平

跳高界人士一直关注的问题。

最近，世界男子跳高室外纪录保持者、古巴名将索托马约尔谈了他的看法。先不说他的预测目标是否能达到，但有一点可以肯定，即他作为当今世界跳得最高的人，他的话说出了目前世界跳高界最关心的问题——极限是多少。

索托马约尔说："目前他保持的世界男子室外跳高2.43米的纪录将在未来的某一天会被打破，横杆会上升到2.5米的高度。但是，达到2.5米这个高度后，再要提高成绩的可能性就很小了，即使有，幅度也是很小很小的。"

他说，他创造2.43米的成绩已经近七年了，七年来他本人也一直在继续努力，希望有一天能再次改写这项纪录。目前具备破纪录实力的人很多，除他本人外，世界上有不少男子跳高运动员具备了破世界纪录的能力。但一个人能不能破纪录，除具备破纪录的实力外，还有一个运气问题，谁红运高照，谁就能破纪录。他表示相信2.43米的纪录在将来的某一天肯定将成为历史。

索托马约尔

# 第三章

# 科学化体育训练

# 科技化的运动

## 体育

科技运用到了体育上，在体育训练上当然也少不了科学化的指导，有了科学的指导，体育训练就能达到更好的效果，起到事半功倍的效果。

科学化训练运用到了运动训练的全过程中，是应用科学理论、科学方法、科技成果达到运动训练的定量化和科学化标准的卓有成效的训练。训练科学化是现代运动训练的基本特点之一。百余年

**中学体育训练**

来，按照运动训练对运动城idetigao所起的主要作用来划分，经历了自然发展、技术革新、大运动量训练阶段，20世纪20年代进入了科学化训练初级阶段，至20世纪90年代进入了训练化的高峰阶段。

科学化训练的过程就是一个观念转变的过程，科学化训练要求人们从传统的训练思维模式中跳出来，把科学、实效的价值观念渗透到运动训练的每一个环节和层面，从而达到提高训练水平的目的。

本章主要通过科学化训练与传统训练的异同、科学化训练的特征、原则、要求等方面阐述科学化训练。

## 科学化训练与传统训练

2003年，中国选手刘翔在世界室内田径赛中获得60米栏的铜牌，这其实完全是科学训练的结果。据介绍，生物力学专家通过科研跟踪发现，刘翔的起跑、前两个栏和最后一个栏的途中跑是弱项。由此，田管中心将刘翔推向国际赛场，而且不是参加他的专项110米栏，而是参加60米栏比赛。通过感受大赛的氛围，让刘翔逐步适应并找到自信，并在比赛中取得了骄人的成绩，打破了亚洲人在田径项目中的遗憾。

110米栏运动场上的刘翔（右）

# 科技化的运动

体育

☆ 训练科学化的概念

"科技兴体"的核心是"训练科学化",而"训练科学化"的核心则是"训练思路"的问题。所谓"训练思路",是指"对运动成绩本质的理解和对训练工作的设计以及对训练过程的控制。"欲求训练思路的设计和控制具有科学性,首先必须对运动成绩的本质有科学的理解。若理解有所偏差,就

科技化的国家体育训练中心

不能从根本上得出科学的设计,不可能对训练工作有科学的认识,也就不可能有科学的控制。

提高训练的科学水平,需要体育工作者不断打破那些不符合实际的老方法,不断创造出新的有效训练方法。在训练思路方面,必须做到集思广益、超越自我,走出一条符合自身特点的路子来。这样才能在国际体育竞争中利于不败之地。

目前,体育竞争日益激烈,比赛形式也日益严峻,因此,建立一条适合我国国情的体育思路显然具有至关重要的作用。

☆ 中国运动训练科学化的绊脚石

科学技术是第一生产力,是经济和社会发展的重要推动力量,是现

46

代化社会发展的决定因素。作为现代人类生活重要组成部分的体育活动，无论是竞技比赛的高水平竞争，还是大众体育的娱乐健身，都离不开科学技术的发展与应用。"体育振兴要依靠科技进步，体育科技要面向体育运动发展。"

运动训练科学化的必由之路是探索与遵从训练规律，这条道路是通过"训练中认识、认识中训练"的过程来现实的。而"训练中认识、认识中训练"的认识深度与把握程度，依赖于实践者的辩证思维能力、研究方法应用和相关理论、文化知识基础，以及情感投入。

"训练中认识、认识中训练"的主角别人是不能替代的，教练员是主导、运动员是主体。现实中的"师傅带徒弟，徒弟升师傅"是运动训练的自身特点，也是初级阶段的必然表现。目前，科学化训练有的难于推进、有的项目难于突破、有的项目长期徘徊，其根本原因

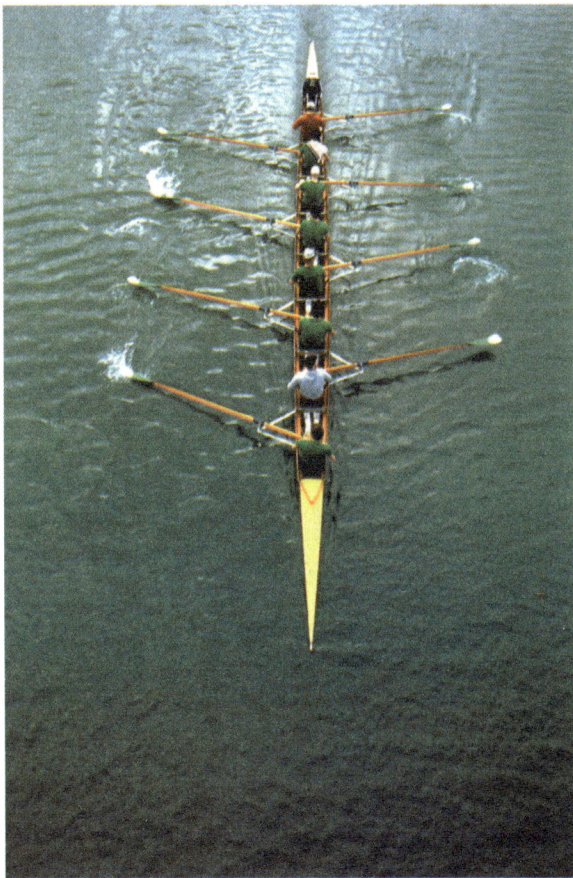

竞技比赛

室内训练

不是教练员不勤奋、运动员不努力，不是理论、科研工作者无能为力。其核心症结，是运动员缺乏义务教育阶段的系统文化知识，教练员缺乏大学本科的系统理论知识学习，继续教育也缺乏长期性与系统性。短期培训、岗位培训、甚至于研究生课程班解决不了这种系统教育缺失所造成的理论、文化知识缺陷。这才是造成教练员、运动员认识规律、应用规律能力有限，理论、科研工作者使不上劲，理论、技术成果发挥不了应有的作用的根本所在。

其它因素可能都有不足，但理论、文化知识的系统缺陷是现阶段制约我国运动训练科学化的根本原因。这种缺陷危害极大，不仅影响与制约了教练员、运动员训练、比赛中出思路、出成绩，也影响与制约了他们再就业寻出路、到社会找定位。包括有天赋的运动员有的不能出成绩、不能达到应有的成绩高度，出了成绩的运动员有的也只是昙花一现、或运动寿命不长，其根源都在这。

## 科学化训练的特征

　　训练科学化，是人们关于进行运动训练和运动竞赛的知识体系。它由基础理论科学和应用科学两部分组成。基础理论应包括生物科学、心理科学和社会科学，应用科学由一般训练学和专项训练学两部分组成。

☆ 强调运动员经济能力整体全面地提高

　　经济能力是运动员有效地参加训练和比赛需要的具备的条件，是运动员体能、机能、智能和心理能力构成的支持基础。运动员竞技能力是

网球训练

在训练中获得、巩固和提高的。在竞技运动训练过程中，运动员的身体训练、战术训练、技术训练、心理训练、智能训练都是相互联系、相互促进的，也始终处于不断变化的相对平衡状态。某一方面的提高，会对其他方面提出新的要求，随即这种暂时的平衡会被打破，建立新的平衡，从而使原有的训练水平向新的高度转化，形成良性循环，达到提高成绩的最终目的。

竞技体育运动的各个专项具有不同的特征，对运动员的经济能力也有不同的要求，但当代世界高水平运动员，在保持和提高本专项经济能力的特殊要求和本身特长的同时，都朝着经济能力整体、全面地提高的方向发展。中国女子中长跑运动员王秀婷、郑丽娟等的成功，便是有力的例证。当然，运动员竞技能力整体全面的提高必须根据运动员的运动专项和个人特点，在多年训练的不同阶段、全年训练的各大周期的不同时期有重点的发展，遵循科学安排，使之达到与某一级别的最高运动成绩相应的水平。

有氧训练区

☆ 实施综合化的科学训练方法

现代科学训练不仅是多学科和科研成

AC米兰

果应用于运动训练的过程，而且也是综合运用各种训练方法和各项训练内容，并在单元训练时间里身体、技术、战术等训练综合进行的过程。

　　实施综合化训练方法，一方面是改进适应专项特点和运动员个体需要的新的运动训练方法，其科学依据就是各学科对人体在运动过程中变化奥秘探索的科研成果。例如有氧训练法、无氧训练法、缺氧训练法等，就是根据有机体在运动活动过程中，生理和生化变化的

AC米兰足球队

规律而创造出来的。另一方面，就是把持续训练法、重复训练法、间歇训练法、循环训练法、比赛法等常用的基本训练方法组合起来，综合运用。

实施综合化的科学训练方法体现在单元训练时间里，通常是身体、技术、战术综合进行，这样一方面调整了运动负荷，另一方面也避免了训练的单调与乏味，调动了队员的积极性。如意大利的AC米兰足球队。在其每周的训练安排中，比赛5小时，占周训练总时间的16.6%。

☆ 重视负荷强度、特别是专项负荷强度的增加，重视恢复

竞技运动训练从生物学的观点看，便是对运动员有机体系统施加负荷刺激，使其产生适应性反应，并进行自我生物改造，从而提高机体各器官的技能。负荷的强度、刺激的深度在一定限度内与机体的生物改造过程的快慢、机能提高的幅度成正比。在运动负荷中，最重要的因素是负荷强度，保加利亚男子举重之所以称霸世界，主要原因之一就是训练中重视负荷强度，尤其是专项强度的训练。

由于运动负荷的不断增大，运动员有机体的疲劳加深，要使运动员承担新的、更大的负荷，仅靠有机体的自然恢复是远远不够的。对负荷后的恢复的忽视，常常会使得即将得到的胜利付诸东流，令人惋惜。前苏联学者研究表明，由于负荷的增大，近几年高水平运动员的伤病率增加了

保加利亚男子举重

30%，少年运动员的伤病率增加40%。

世界上竞技体育发达的国家，在其训练基地或训练中心，都设有专门的先进的恢复中心。近年来，中国广东省许多运动项目的成绩在全国名列前茅，与其重视并在训练基地配备了大量有良好的消除疲劳、促进集体恢复的设施是分不开的。

先进的广东体育训练基地

☆ 强调并重视心理训练

在训练中，队员们不仅要有精湛的技能和强健的体魄，更要有过硬的心理素质。良好心理因素非常重要，如一开始便暗示只要按要求去做，便能很好地过渡，让运动员主动从心理进行一种定向编排，使运动员在动作程序编排、主观上的控制和校正系统产生积极的影响，帮助运动员从心理上建立一种良好动作感知和调整能力，有利于在比赛中发挥出好成绩。

心理训练主要是针对运动员的心理现实，有意识有目的地施加积极的影响，形成长期良好的心理状态、心理品质，提高其反应能力的过程。大脑作为接受信息、综合判断、发出指令、调整行动的指挥中心，参与调节着运动员的训练与比赛。潜能是人类最大的宝藏。然而，由于

训 练

情境上的限制以及个体长期以来缺乏潜能意识，人的潜能并未充分挖掘。人的一生训练越多，自我活动越活跃，则所接受的刺激越丰富；自身能量释放得越充分，则本体训练的强度就越充分，潜能被开发的也就越多。因此，经常进行心理训练，是有效地自我开发潜能的一个重要手段和途经。

积极的心理训练有助于运动员控制与调整自己的心理状态，增强稳定性；有助于培养运动员坚强的意志、提高心理适应能力；有助于提高运动员的感觉和思维修养，从而更有利于在专项中的发挥。

在当今竞技比赛中，心理因素日益显示出其显著的作用。高水平的体育竞技，心理因素已成为比赛天平的一个重要砝码。分析诊断运动员的个性心理特征；用运动心理学知识解决他们的心理问题，排除他们的心理障碍；指导他们进行心理训练，在平时的技术训练中有针对性的贯穿心理训练；技术训练和心理训练不是截然分开的训练模式、把每一堂训练课都与比赛需要联系在一起，从而培养良好的心理素质，在比赛中就能稳定发挥应有的竞技水平。

在进行技术和战术训练的同时心理训练也必须随之跟上，这样的训练才会产生事半功倍的效果。运动员技术训练能力的提高同时也必须是综合能力提高的表现。其中包括：全面身体素质、专项素质、心理素质以及意志品质和文化修养等各项。单一的进行技术训练，是不可能塑造出真正的世界顶级选手的。如果管理者或教练员把比赛的成败和技术训练、心理训练分开来，是极其不负责的。这种表现将会影响优秀运动员的重塑和技术状态的正确定位。

健身训练

健身器材

如何才能把心理训练和技术训练有机的揉合在一起，达到最佳训练成效？真正实现练为赛服务的关键，在技术训练中如何贯穿心理训练呢？根据运动员个性和其心理特征，有针对性地采取训练手段，制定相应的心理训练计划，提出目标，树立信心，形成比赛动机。坚持正面教育，培养良好的心理品质。根据每个运动员的特点，扬长避短，因人而异地确定训练重点和主攻方向也是至关重要的，这有助于突出训练重点，树立自信心，提高训练实效。

运动员在平时训练中负荷重、动作技术难，出现身体疲劳、技术性项目训练不顺利、自己解决不了时就会产生焦虑心理，这时运动员易怒、烦躁、有逆反心理，表现出不遵守纪律、不服从管理等现象，这在运动量较大的训练高潮期经常能遇到。我们通过在训练比赛生活中观察、同运动员谈心、从侧面了解，帮运动员找出焦虑的原因，解决这一问题，焦虑现象便能迎刃而解。如运动员感觉疲劳，需仔细分析这种疲劳属于心理疲劳还是身体疲劳。如果属于技术方面，教练员应该同运动员交谈，同时要用量化指标来进行准确诊断，帮其找到克服技术难点的方法。

同时，坚持进行正面教育，教育运动员在遇到困难时，要学会控制自己的情绪，树立克服困难的信心，锻炼坚韧不拔的意志力，找出产生问题的原因和解决问题的途径，这也是锻炼自己心理能力的一个重要内容。在不同训练时期加大训练难度，适应比赛要求。有目的有意识的加大训练难度，才能形成新的心理定势。

研究运动员心理稳定性的训练方法和手段非常重要。在激烈的竞争中，只有动作稳定性好的运动员才能取得比赛的最后胜利。因此，技术训练和心理稳定性训练同步提高至关重要，而且，心理稳定性因素在运动员最终取得比赛胜利中扮演着重要的角色。

20世纪初期，选择运动员除了看身体素质，还看技术水平。人们只是根据这两个因素来分析运动员的水平。但是随着各国运动技术水平的不

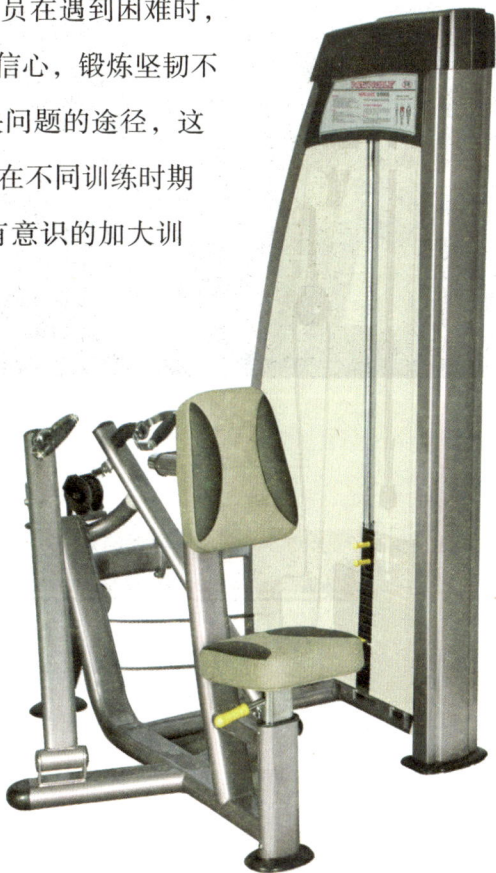

健身器材

正在训练的运动员

断提高，运动员之间在技术水平和身体素质上的差距越来越小，因此一场比赛的最后胜负在很大程度上取决于运动员的心理素质。

## 科学化训练的原则

运动训练原则是以运动训练规律为依据，对运动训练提出的基本要求。科学化训练是运动训练必须遵循的准则，对一切训练过程具有普遍的指导意义。

运动训练原则是指运动训练过程客观规律的反映，是组织与进行训练工作必须遵循的准则。包括：一般训练与专项训练相结合原则、不间断原则、周期性原则、合理安排训练负荷原则、区别对待原则等。在制订运动训练的具体任务，选择与安排训练内容、确定和选用各种训练方法。组织各种形式的训练作业。编制训练计划和检查与评定训练效果等方面，都必须

游泳训练馆

根据专项运动的待点和运动员的实际、灵活地贯彻训练原则。

☆ 一般训练与专项训练相结合原则

一般训练又叫全面训练，是按专项运动的需要，采用多种多样的练习、方法和手段。通过训练全面提高运动员身体各器官系统的机能，全面发展运动素质，改进身体形态，学会一些非专项的运动技能，从而打好身体基础，为提高运动员的专项能力，为获得专项运动的优异成绩创造条件。专项训练是运用专项运动本身的动作以及与专项运动本身的动作在特点上相似的练习，提高专项运动所特别需要的运动素质，提高专项技术、战术及理论水平。专项训练包括专项身体训练和专项技术训练。从内容和手段来看专项训练比一般训练要窄一些。

一般训练与专项训练相结合的原则，就是指要在运动训练过程中，根据专项特点，运动员的水平及不同训练时期、阶段的任务，恰当安排，统筹兼顾。一般训练与专项训练相结合，有益于运动员取得优异的运动成绩。从运动训练的实际经验看，许多专项运动成绩好的高水平运

欧文斯水墨画

动员，不仅专项成绩好，一般训练水平也高，并且专项的高水平运动成绩保持的时间也长。如1936年第11届奥运会上一举获得100米跑、200米跑、跳远和400米跑接力4块金牌的美国黑人运动员欧文斯，他不仅田径短跑距离运动成绩出类拔萃，而且其他一些运动项目成绩也很好，他是大学里棒球和橄榄球代表队队员，篮球代表队队长。因此，他也被称为"黑色闪电"。总结他的经验，其田径专项成绩好的主要原因就是一般训练的基础非常扎实。

一般训练扎实其效果也好，专项训练需要有雄厚的物质基础，才能适应高难度动作的训练，才能承担更大的训练负荷，适应紧张激烈的比赛，延长运动寿命。

一般训练的手段多种多样，有利于克服专项运动训练对身体的片面影响，改善体型；有利于克服专项训练的单调，增加乐趣，消除精神疲劳；有利于储备足够的运动技能，实现非专项技能向专项技能的转移；有利于对少儿运动员准确地确定专项发展的方向。

1936年第11届奥运会开幕式

专项训练的扎实效果好，使专项技术符合生物力学规范，同时运动员已具备的良好的身体素质通过合理的先进技术可充分地得到发挥。运动员通过训练和比赛成绩步步上升，显示技术和体力的步步提高，证明一般训练和专项训练取得明显效益，更能使人认识两者结合训练的好处，提高两者结合训练的自觉性和自信心。

男子跳水

一般训练要适应专项训练的的需要，也要反映专项的特点、方法和手段必须有明确的目的。如对体操 、跳水、球类等技术较复杂的项目，应较多地选择发展灵巧、协调和柔韧性的练习手段。

一般训练手段应"选优求精"，切忌"务广求华"，但应使练习形式生动活泼。

一般训练和专项训练的比重，应因对象不同、训练时期不同、任务不同而恰当安排。如：年龄越小

或离比赛越远，一般训练的比重越大。

☆ 周期性原则

周期性原则是指整个训练过程中训练阶段的划分和某些内容的安排比例呈周期性的循环，后一个循环在前一循环的基础上进行，不断提高训练水平，从而使运动员创造出专项运动的优异成绩。

周期性原则的依据是竞技状态形成的客观规律。竞技状态指运动员达到优异专项成绩所处的适宜的准备状态。竞技状态是通过科学的周期化训练过程才能达到的。

儿童射箭训练

乒乓球训练

在竞技运动训练中，训练的内容、方法、手段都要反复进行，并不断的施加运动负荷，才能使运动员掌握专项运动的知识、战术、技术，改善心理素质，提高机体能力。当运动员在这种循环往复的训练下，专项成绩也就得到了提高，从而在新的起点上，提高训练要求，重复或更换新的内容、方法和手段，施加新的运动负荷。训练便成为一种循环往复、不断提高的过程，呈现出周期性的特点。

☆ 不间断性原则

不间断性原则是指从开始从事初级运动训练到出现优异运动成绩以及保持直至运动寿命的终结，一直坚持进行系统的、连续不断的训练。

激流训练

也就是说，在训练的全过程中，训练内容的选择与安排，训练方法手段的采用，以及训练各阶段所要完成的任务和基本要求，都应根据其内在的联系合理地安排，循序渐进地逐步提高，并持续不断地进行。

运动技术、战术的掌握过程实质上是建立条件反射的过程，如果训练有中断、暂时得不到强化，反而会消退。

机体负荷适应反应必须不断积累，由量变到质变。时断时续的训练，非但不能积累良好的适应变化，而且会降低机能水平。

贯彻不间断训练原则的基本要求：

（1）各级训练体制，层层衔接，不要因特殊原因造成训练大起大落。制定出系统的训练大纲，各层次按训练大纲的要求完成各自任务。这就是指的训练体制、训练任务、内容一条龙。

（2）训练全过程中，上、下节课应保证连续性，下次课的安排不能早于上次课疲劳恢复之前，也不能晚于上次课训练产生良好影响之后。

（3）争取避免运动员在训练和比赛过程中产生各种伤病，不致因伤病而中断或中止训练。

（4）遵循运动项目的技术、战术、专项素质等方面内在的逻辑联系，由易到难，循序渐进，协调发展。

☆ 区别对待原则

　　区别对待原则是指在运动训练过程中要根据运动员的自身具体特点，有针对性地确定训练任务、选择方法和安排运动负荷。运动员的个人特点大致包括年龄、性别、体型条件、承担负荷能力、技术水平、心理品质、文化程度等方面的差异。

　　要做到区别对待，就要深入了解运动员的各方面的情况，建立运动员训练档案，定期登卡，经常性地收集和积累训练过程中的信息资料，及时地根据资料进行分析比较，为及时设计和调控训练计划提供依据和参考。

　　训练计划应充分体现全队和个人的特点，既有全队的要求，又有对个人的要求。对重点队员和分工不同的队员，应有专门的训练计划。

☆ 合理安排运动负荷的原则

　　运动负荷是以身体练习为基本手段，对运动员机体施加的训练刺激。包括生理负荷和心理负荷两个方面。心理训练的负荷问题，尚在探索与总结之中。合理安排生理负荷是指在训练过程中要根据训练目标、运动员的身体训练水平等逐步加大生理负荷，使大、中、小负荷合理交替，保证良好的训练效应积累，以提高人体机能。

合理运动负荷

科技化的运动

## 体 育

  合理安排运动负荷原则的理论依据是有关疲劳和恢复过程相互关系的规律，超量恢复的原理及机能活动节省化的理论。有关疲劳和恢复过程相互关系的规律表明：没有负荷引起的疲劳，就没有训练效果，没有恢复就没有提高。它的规律是负荷——疲劳——超量恢复。过大的负荷会影响机体的休息和恢复，产生疾病。过小的负荷，不会产生疲劳。

  对于运动负荷的强度和数量，人体所产生的刺激越强烈，运动员生理上的反应也越强烈和深刻。在对运动员进行大强度的训练时，在数量上不宜较多安排，否则训练任务不但不能完成，而且极易带来伤害。在完成强度小而数量较大的训练时，对集体的刺激较缓和，引起生理上的反应也比较缓和，但机体的回复过程延长。

运 动

有机体机能活动节省化是由于机体对同一类型的负荷所作出的应答性反应并不是一成不变的。如某运动员进行大强度训练后，心率达到190次/分钟，但在经过一段时间训练后，在进行同样大强度的训练时，心率只达到160次/分钟。但是值得注意的是，一旦机体对某一负荷已经适应而产生了节省化，这种负荷就不再能引起机体内的积极变化了。因此，负荷必须逐步加大，才能不断提高有机体的机能能力。

根据上述理论表明运动训练负荷必须合理地增加，运动训练实践也反复证明，一成不变的运动负荷不仅会失去训练效果，还意味着竞技能力停滞不前。因此，一些教练员和运动员，都把大部精力放在运动负荷"极限"附近进行探索。

科学的大运动量训练是训练科学化的特点之一。没有大运动过量训练，就不能有效地提高运动水平，给人体以最大限度的复合刺激。没有科学化的训练，就难以产生更高质量与效益的超量恢复。只有把二者有机完美地结合，才能够使运动员取得更优异的运动成绩。

贯彻合理安排运动负荷，需要合理增加运动负荷，应保证在训练对象所能承担的最大限度内，刚要达到又没有达到极度疲劳，这样的训练负荷效果最好。每次训练达到接近极限疲劳的程度是恰当的。不达到这

运 动

体育运动

样的负荷程度，难以实现训练的预期目的，因为有机体适应性变化的程度是同运动负荷的大小成正比的，这就要求教练员能够准确确定运动员个体的极限负荷的临界值，才能做到合理安排。

## 科学化训练的要求

体育科学是一门综合科学，现代运动训练也已发展成为一门多学科综合应用的综合科学。因此，科学化训练本身便是广泛地运用现代科技成果，进行多学科的综合应用。它要求依据符合体育科学和运动训练学的基本原理，采用先进的指导思想、训练方法、运动技术和手段进行科学化、定量化训练。这也就意味着训练要向所有参加的教练员和运动员提出更高的要求。

加强体育科技人才的培养，有利于有计划地组织中青年学术带头人研修、考察，主持、承担高水平研究项目，为优秀中青年科技人才脱颖而出营造良好环境和条件。有利于重点培养一批具有国际影响的科技带头人，形成一支结构合理、高效精干的体育科技队伍。有利于充分发挥体育科技专家的作用，对体育科技中的重大问题进行指导，并逐步改善科研工作条件，提高体育科技人员待遇。有利于加强体育科技工作者的思想道德教育和科研道德制度建设，弘扬科学精神，坚持实事求是，克服浮躁心理，反对急功近利，端正学风，勤奋治学，强化服务意识和团队精神。

☆ 科学化训练对运动员的要求

运动员是整个竞技比赛中的主体，因此，运动员是最为关键的，没有运动员，其他的无济于事。因此，科学化训练要求运动员要具有较高的身体素质、精神素质、运动技能等综合素质。

良好的精神素质是指运动员要有敬业精神、献身精神和拼搏精神，还要具有坚强、积极、乐观的精神，有承受艰苦的大运动量训练的心理准备，自觉培养顽强、踏实的训练作风。只有这样，才能够保持稳定旺盛的斗志，不

**美国男排**

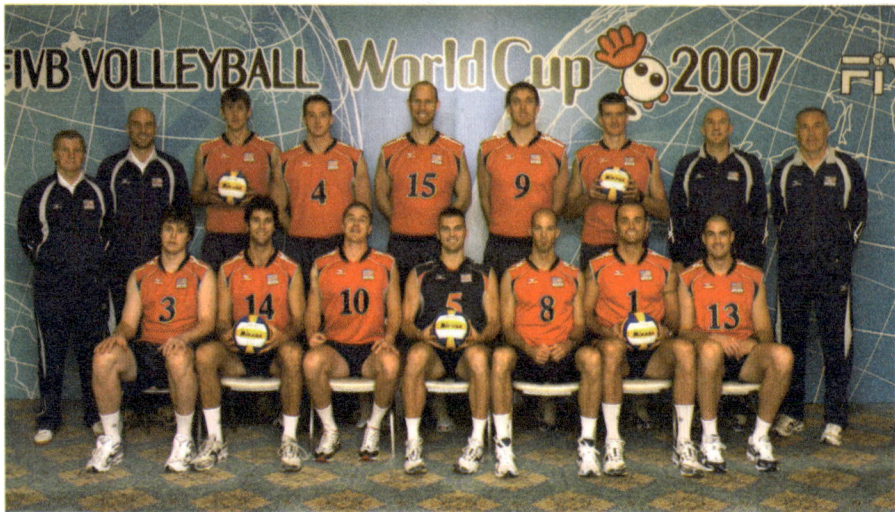

美国男排

屈不挠的拼搏意志。这也是取得优异运动成绩必不可少的条件之一。

现代科学化训练的发展已进入了一个新的天地，训练理论的发展大大增加了运动员对理论掌握的难度，高新技术成果的运用使运动员对高难技术和新的运动器材的研究掌握难度加大，没有较高的文化素质，运动员便难以胜任现代科学化训练的要求，更难创造更好的运动成绩。注重运动员的文化素质，在国外就有范例。蝉联世界冠军的美国男排，其队员全部是来自各个大学的大学生和研究生，每天要完成各自的专业学习后，才聚到一起进行几小时的排球训练。由于队员所具有的良好的全面素质，能够以科学的意图，发挥自身能动性和创造性，并具有较高的分析评价技术动作的能力，所以，虽然训练的时间较少，但其训练的效果却非常有成效。

仅仅5年的时间，美国男排便由原来的世界排名第三十名，一跃成为新的世界冠军。中国在过去有相当长的一段时间忽视了对运动员文化素质的提高，有些项目的运动员在上中学甚至小学期间就被选送到运动队训练，一练就是十几年，这些文化水平较低的运动员退役后有很大一部分人担任了教练员，这导致了教练员队伍处于文化素质较低的状态。这也是中国体育一些项目成绩长期停滞不前的一个重要原因。

☆ 现代化体育对教练员的要求

现代化体育要求教练员具有较高的智能、超前的先进的指导思想和对训练过程的最佳控制。教练员在科学化训练中，始终起着主导作用。而日益为高新科技所渗透的现代竞技体育则要求教练员不仅具有丰富的运动经验、较高水平的专项运动理论知识，而且要有较高科学文化水平。在竞技体育发达的国家，许多培养出世界冠军的著名教练员具有博士学位。在奥运会金牌教练行列里，学者型教练占的比例也越来越大。如第十二届奥运会上获得7枚金牌的运动员施皮兹的教练谢曼哈伏尔，他是一位心理学家。美国田径巨星刘易斯的教练汤姆·特雷兹则是一位生物力学博士。美国前女排教练塞林格也是一位心理学博士。

美国前女排教练塞林格

一个教练员的聪明才智，即对运动训练的理解和悟性，就是指他对运动训练中各种因果关系的洞

《运动训练学》

悉能力。许多运动训练的"规律"都是用因果关系来表达的。运动训练借以生存的一个基本前提，或者说是一条无须证明的公理，就是"练哪儿，长哪儿；练什么，长什么"。这里就明显地存在着一种基本的因果关系。用判明因果关系的三原则（居先原则、引起原则、接触原则）来察看运动训练时，可以发现训练手段实施在先，训练结果产生于后；不同的训练手段可以也必须引起训练结果的变化；运动员的身心是训练手段和结果之间的中间接触点，于是不难从理论和实践上来证明训练手段和训练结果之间存在着因果关系。

传统的体育训练，教练员对训练过程的控制多是经验性地控制，大部分停留在以定型分析为目的的基础阶段，然而，定型分析远不如定量分析准确、科学。因此，对训练全程需要实施定量化、程序化、信息化控制，这就要求教练员在科学诊断的前提下，根据训练目标，提出科学的训练任务，制定合理的训练计划，采用科学的运动战术和技术，采用先进的恢复手段等，这样才能有效地达到训练目的。

现代科学训练对教练员的智能结构提出了更高的要求，在理论知识的构成上，现代科学训练要求教练员掌握运动训练学、运动生理学、运动心理学、运动生物学、运动生物力学、专项运动理论，甚至还有对外语、计算机、统计学等学科的知识要求。只有掌握了这些基础理论知识，教练员的理论水平才会大大提高。同时，现代科学训练也要求教练员具有良好的组织科学化训练的能力。如能够独立地制定科学的训练计划能力、组织教学、训练、科研能力等，医务监督能力，心理训练调节能力、危机基本操作能力，竞赛训练能力等。

高科技在体育运动中的广泛应用，促进了现代竞技体育的全面发展，同时也加剧了体育运动中竞技角逐的激烈程度。这就要求运动员必须具有较高的综合素质、良好的精神素质、顽强的训练作风以及较高的文化水平。只有这样，才能够迎接现代科技体育的挑战，在竞技中取得最终的胜利。

近年来，我国体育发展适应现代化体育的要求，对省、市、地区的运动队教练进行了轮训和进修，许多教练员进行一定时间的系统学习进修，理论水平和实际能力大大提升。也有部分教练员因各种原因不能离职进修，他们在实践中边学习边工作，边训练边提高，同样得到了智能的提高。

☆ 加强对科技工作的领导，完善体育科技管理法规制度

各级领导要从战略高度上充分认识体育科技工作的重要性和紧迫性，加强对体育科技工作的领导，第一把手要抓科技工作，各分管领导

也要直接抓好所管范围的科技工作，全面推进体育科技进步。应提高各级领导、业务部门、各级单位的科技意识和科技管理水平，把抓科技工作的成效作为考核各级领导干部业绩的重要指标。各体育行政部门及单位应根据国家科技方针政策，研究制定并全面组织实施本地区体育科技发展规划和计划，把加强技术创新、全面推进科技进步放在体育事业优先发展的关键地位，切实依靠科技进步促进体育事业的发展。加强领导和统筹规划，理顺关系，调动全国科技力量积极参与体育科学研究，形成体育科技的"举国体制"，全面推进体育科技进步。

同时，要建立健全体育科技管理法规，加强对科研工作的管理，逐步实行课题制管理。改革科研项目立项及评价办法，逐步建立与体育运动实践紧密结合的体育科技评价体系，进一步从体制、机制上解决好科技与体育运动实践紧密结合的问题。完善体育科技奖励制度，重点奖励为提高全民健身和运动训练科学化水平做出突出贡献的科技人员和相关工作人员。贯彻落实科教兴体战略，加速体育科技进步，是当前发展体育事业的重要任务。各级体育行政部门和有关单位要结合实际情况，认真研究，做好部署，开好头，起好步，为体育事业的发展做好应有的工作。

# 第四章

# 计算机与运动训练

# 科技化的运动

## 体育

现代科学技术的迅猛发展，使现代运动训练也发生了巨大的变化，传统的主观性因素逐渐减少，高科技含量日益增加。特别是计算机和信息处理技术成为辅助训练的有效手段，使运动员的潜能获得了更加充分的发挥。电脑训练为现代运动训练的科学性开辟了更为广阔的前景。

20世纪80年代初，当中国女排第一次夺取世界冠军时，美国从事排球和计算机科学的专家，就把中国女排比赛的过程全部拍摄下来，建立了信息贮存，并输入计算机进行分析，从而掌握中国女排的技术、战术特点和变化规律，并制定了相应的防范措施。在第二年的世界锦标赛和奥运会比赛中都战胜了中国女排。从此，计算机在运动训练中的作用引起了体育界的重视。

中国女排

我国从1988年开始在运动训练中使用计算机。国家体委电子信息中心，率先在中国国家跳水队运用计算机技术分析运动员技术动作图像。从1991年开始，成立计算机辅助训练处，开始对运动训练进行技术服务。创建了体育图像分析实验室，提供多种技术动作分析手段，开发了训练计划管理系统等。

## 计算机在运动中的应用

当今，计算机在运动训练计划中应用较普遍的有：计算机制定管理训练计划和计算机对运动技术动作的分析。

在运动训练中，一个运动员四肢肌肉伸缩或中心移转的时间和速度是否配合妥当，足以决定成绩的好坏，而左右成绩的关键就在于能否将生物力学原理加以合理运用。有了电脑的帮助，生物力学专家便可以根据计算机提供的资料，对每个运动员进行分析，为他过滤某一动作的特殊部位。如田径选手右脚踩地的一瞬间，或铁饼飞离手掌的一刹那，期间纵使诡异多端，工程师也可以清楚地记录下来。

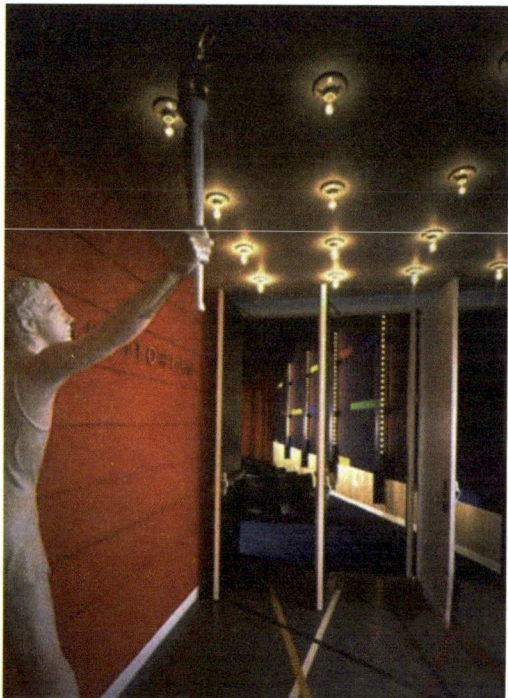

美国奥林匹克中心

在美国奥林匹克中心，专家们使用一台配备电脑的"力量测试台"为运动员和教练员分析如何将人体结构和体育运动完美地结合起来。这个电脑系统是基于生物力学的原理设计的。生物力学是如今发展起来的体育运动新学科，是人体结构中成千上万肉眼看不到的活动组织。人们凭肉眼无法观察肌肉瞬间伸缩的快速变换，但这个电脑系统却能够测量出运动员奔跑、举重和投掷时身体用力的大小和方向，这些信息告诉运动员怎样才能让自己的动作更为合理。

美国光电脑博士后基阿列尔从事电脑辅助体育训练已有十多年了，他训练了一批又一批渴望获得奥运金牌的运动员。前美国排球名将海曼曾受教于阿列尔。在分析了海曼的早期资料后，阿列尔发现海曼扣球的高度偏低，每次击球都不是力量最饱和的时候。经过他的指导，海曼的扣球技术不断提高，无人可及。

☆ 电脑如何训练运动员

在传统的体育训练中，运动员运动技巧的改进主要是依靠教练员和运动员的自身经验。电脑可使运动员的训练不再是凭感觉盲目地进行，而是置于科学的基础之上。

美国铁饼运动员、奥运会金牌得主艾尔·奥特，被称为运动场上的"常青树"，曾在1956、1960、1964、1968年连续十几年的时间获得奥运会金牌，而且每次都刷新纪录。这对一个运动员来说是很不容易的。他的秘诀是借助电脑的"神力"。他本人是电脑工程师，他用电脑诊断系统研究自己的投掷动作，用高速录像机拍下运动员投掷

艾尔·奥特

时的动作及投掷物出手后几秒钟内的运动轨迹和状态，然后让电脑程序研究运动员的动作以及身体各部分的相互配合等问题。原来以为自己的技术动作是相当完美的，靠电脑的帮助，他找到了肉眼无法察觉的两个错误，电脑发现他投掷臂与身体所成的夹角不合适，还发现双脚正是最需要紧蹬地面之时，自己竟然跳离了地面，从而失掉一部分本应传到铁饼上的力。

电脑"教练"是一个很严厉的教练，它铁面无私，也从来不会厌烦。电脑教练一遍又一遍地纠正他的投掷动作，解决造成投掷力量不足等问题，在改正后，他投掷成绩不断刷新，投掷距离很快上升，之后以70.86米的成绩刷新世界纪录。如果靠人工来纠正，最少也要10年时间，那时奥特已经该退役了。

美国加利福尼亚州南部的科托研究中心，计划搞一个"优秀运动员计划"。他们选择美国30名最拔尖的男女田径运动员，实地拍摄他们在

比赛中所做的每一个动作，测量每一次呼吸和每一下心搏，然后用电脑进行分析。

　　例如，电脑得到男子100米世界纪录保持者和首尔奥运会男子跳远金牌得主刘易斯。研究人员以2000个每秒镜头的高速照片能精确地分析世界跳远名将刘易斯所做动作的一系列侧面图像，并把它作为其他运动员训练的样板，储存进"跳远计算机系统"中。参加训练的运动员也是通过高速摄影把自己的资料输入电脑。电脑能自动地与刘易斯的起跳角度、空中姿势及重心位置等数据进行比较，对运动员提出建议。运动员训练时可通过反复观看刘易斯的录像，在电脑的指导下来纠正自己的各个参数。而刘易斯本人也通过电脑指导，由步长确定助跑起跳最后4步的距离，从而取得了超水平的运动成绩。

## 计算机运动动作技术分析系统

计算机分析系统在分析传统运动训练模式的基础上，研究了计算机辅助训练的训练流程和系统结构。在计算机辅助训练的支持下，教练员可以针对运动员的个性进行训练，减少运动员成绩长期停滞不前现象的出现；可以运用训练学、生物力学和信息科学等多学科的知识来提高训练效率和训练水平，克服单纯依赖经验进行训练的缺陷。

运动员充分发挥其机体能力、合理而有效地完成动作的方法，成为运动技术。运动技术是经济性运动的决定性因素，直接影响和决定着运动成绩，特别是在机能类和多元动作结构的主项目中尤为突出。技术训练是现代运动训练的重要内容之一。即通过对运动员的技术动作的分析、诊断引导运动员动作规范化、合理化、科学化，最大限度地发挥运动员的潜能。在传统的训练过程中，常常使用高速摄影，采取影片分析法。采用16毫米摄影机每秒50至200格不等的速度拍摄技术动作，然后以胶片

计算机分析系统

上的关节点进行参数采集，或手工测量，有条件的用影片分析仪来完成数据采集任务。

计算机技术动作分析系统，是运用计算机技术、计算机图像处理技术、计算机数据库软件、图形学和录像技术及运动生物力学分析方法结合起来，用现代科学的方法描述运动，把运动特征量化、规格化，然后精确完整地进行分析和计较。然后将技术动作图像送入计算机图像处理系统，在计算机图形工作再将原始图像、三围生物力学的人体立体动作分析结果和文字说明的混合画面送入录像带，在屏幕上同时显示。如通过运用计算机仿真技术对体操动作进行技术分析和动作优化设计。建立了一个单杠上人体回环运动的5环节体系统模型，运用凯恩方法推导出运动方程，并采用C语言开发出相应的计算机仿真程序。该仿真程序能够帮助运动员改进运动技术并最终获得最优化的运动技术。研究结果表明：所建立的单杠上人体回环运动的模型是可行的；运用凯恩方法推导动力

多媒体技术

多媒体设备

学方程简单而方便，运动方程以隐式呈现并易于编写计算机仿真程序；开发的人体回环运动的仿真程序是有效的，能够满足研究要求；所选取的解算运动方程的数值算法是稳定的，且误差较小。

## 多媒体技术进入运动训练

多媒体技术在人们生产生活中的各个领域中发挥着越来越重要的作用，尤其在教育领域，多媒体技术的应用已经渗透到每一个细节，多媒体技术的发展是现代教育技术发展的需要；在体育运动训练中现代化的教学及训练手段对促进动作的形成起到了非常重要的作用。现今的体育

## 科技化的运动

### 体育

竞技水平越来越高，动作难度也越来越大，其发展的一个重要原因是利用了高科技的手段，尤其是在学习动作的过程中利用了多媒体等现代化的教学，才有了运动成绩的提高，多媒体技术日益成为现代教学关注的焦点。做为体育工作者或优秀的教练员，怎么样把这一先进的教学手段正确、合理地运用到运动训练中来，成了体育工作者迫在眉睫的一个任务。

教练可以通过图象、动画、影象、声音等多种媒体来直观逼真的反映技术动作的动态变化过程，吸引运动员的听觉和视觉，诱发运动员思维，达到激发运动员的学习动机和目的。教练员要适当运用多媒体技术进行教学，对一些高难度的动作，因其年龄和身体特点对技术的掌握是一个难题，有的动作过快学生看不清，有的理论水平较高他们又不理解。因而，运用多媒体技术进行教学，会使一些动作形象直观的反映出来。同时多媒体技术以其方便的交互性和共享性促进了讲解、示范、演示、反馈等运动训练环节的优化。

☆ 多媒体技术的应用范围

多媒体技术在运动训练中应用广泛，其技术的应用概括起来主要有以下几个方面：

（1）化难为易，动静结合，多媒体动画得到广泛应用

动画的发展在体育领域中得到了广泛的应用，在运动训练中已经有很多的动作运用动画技术把较难的动作形象直观的表现出来，这可以强化

动画演示动作

84

运动员的理解。运用计算机把所教的内容形象化、具体化，变动为静，变快为慢，有利于理解和掌握。

动画演示及教学中让运动员仔细观察，教练加以详细的有针对性的讲解与分析让运

撑杆跳高

动员掌握正确的动作。采用多媒体技术中图形和动画的移动、旋转、加上教练解说等手段来表达教学内容，增强教学效果。例如：跳远教学，过去大多都采用"讲解＋示范"的形式讲授，以讲解为主、示范为辅。虽然讲解能强调重点，但由于示范动作瞬间完成，运动员根本不能看清其全过程。然而如果将"起跳"这个动作用动画演示出来，就能动静结合、化抽象为形象，从而增强了运动员的感性认识。在技术动作讲解示范过程中，利用图形的移动、定格来演示动作过程及身体各部位的空间位置。而传统教学手段中是主要靠挂图展示或教练自身的动作讲解示范，在一定程度上限制了动作本身的互动性，达不到较好的效果。

新的技术动作以慢速连续播放的方式展现出来，让运动员仔细观察各个细微的细节，从而更好的掌握技术要领，加深运动员对整个动作的认识。如背跃式跳高，教练在示范的过程中不可能做到同步解说、慢动作示范，更别说空中定格。而通过多媒体技术就很容易做到。运动员通过图形和动画的同步解说、移动、旋转、定格、慢速播放、可生动直观

科技化的运动

体育

NBA比赛场

地掌握动作要领，加深理解，掌握正确的动作概念，迅速形成运动表象。在运动训练中，适时适度的运用动画教学，把涉及的重点内容用录像、画面、讲解等展示出来，既能起到让运动员领会动作的作用，又能吸引运动员的注意力，达到平常教学所起不到的效果。

（2）模拟对照分析，改进动作技术

通过多媒体现成的条件制作模拟演示，充分表现技术动作中某些要素与运动成绩的关系。因为有些因素运动员可以直观感觉出来（如风阻等），但有一些技术性的因素却不能感知，只有通过一系列的数据分析和比较得知。例如：教练员可以根据有关的物理公式、模拟出投掷项目中器械的飞行轨迹，让运动员理解出手角度、出手速度与运动成绩的关系，在教练引导下练习和确定各投掷项目在不同条件下的适宜出手角度。另外把运动员自己的运动技术录象或图片和优秀运动员的技术录象或图片放在一起对照分析，找出技术动作的差异与不足，帮助运动员改进动作。再如，我们在讲授篮球技战术理论时，通过播放大量的CBA或NBA比赛片段让学生了解战术配合的形式和变化等；通过慢放或反复播放让学生看清楚战术配合中场上队员跑动的路线、采用的技术动作等。

然后再根据运动员的每个人的情况和分配的位置让其明白跑动的路线和位置，这样反复多次，运动员就很容易掌握。

（3）直观地表述动作的重、难点，提高学习效率

对一些技术性较强的运动项目，借助多媒体教学，可以有效的弥补传统教学的不足。把难以理解的内容或是不容易观察到的细小动作，用多媒体手段充分显示出来，这样可以突破难点，创造出良好的学习及训练条件。如排球的垫球动作对击球动作中的"蹬地、抬臂、跟重心"的理解一直是教学中的一个难点，整个击球动作的重心和上、下肢协调用力很难体会，往往练了很多遍但还是起不到应有的效果，就算是掌握了也是个别的运动员，教练员的分析讲解与运动员的认识理解总是隔着一层，就算是能完全的用文字表述出来动作的过程，但动作上仍然表现不

投影银幕　　　　　　　　　　　　　　　　　计算机

电　视

出来，如果采用计算机CAI课件结合讲解给运动员以直观感受，把"蹬地""抬臂""跟重心"有效地从各角度、各侧面来表现运动的方位、距离、运动轨迹等空间特性，进行动作的分解演示，并对错误加以区分比较，让学生看清动作过程及技术关键，边放边讨论，把这些较难掌握的动作难点、重点形象直观的表述出来，有利于学生动作的掌握，提高了训练和学习的效率。

另外，多媒体的应用还可以从因特网上获得大量的运动知识，从各项体育竞赛的起源到比赛规则，从长跑时出现的极点到运动后的肌肉酸痛，从如何应对比赛失利时的心理状态到青春期运动生理的特点，都能一一找到较好的答案，这不但丰富了运动员的理论知识，还能掌握一些最新的规则及比赛信息。

（4）充分利用多媒体视、音、像等功能演示

体育教学媒体主要包括模型、挂图、幻灯、录音、投影、电视、计算机等设备及其载体。在教学过程中，利用这些教学媒体可实现平面模拟、立体模拟、静态实景重现、呈现动态过程，促进教学双方进行交互作用。要想彻底改变传统的"教练讲，运动员练"的教学模式，就必须

运用先进的教学手段，通过多媒体视、音、像这些强大的功能对运动员的心理产生影响，激发他们的学习兴趣。其主要目的是给运动员在学习动作时提供不同的刺激，控制直接的学习环境。合理利用多媒体教学能使运动员在不同的刺激下，保持神经系统的兴奋性。教练把零散分布的素材采集起来进行整合，在教学中可暂停、慢放或多次播放所需影音材料，达到直观形象、视听结合、便于观察和模仿的目的。

## 光盘技术与体育训练

光盘存储技术是采用光学存储、读写信息的技术，是当代最先进的存储技术，是多种学科高科技的综合运用。自1985年Philips和Sony公布了在光盘上记录计算机数据的黄皮书以来，CD-ROM驱动器便在计算机领域得到了广泛的应用。CD-ROM光盘不仅可交叉存储大容量的文字、声音、图形和图象等多种媒体的数字化信息，而且便于快速检索，因此CD-ROM驱动器已成为多媒体计算机中的标准配置之一。MPC标准已经对CD-ROM的数据传输速率和所支持的数据格式进行了规定。MPC3标准要求CD-ROM驱动器的数据传输率为600KB/秒（4倍速），并支持CD-ROM、CD-ROM XA、Photo CD、Video CD和CD-I等光盘格式。

CD-ROM

CD-ROM是发行多媒体节目的优选载体。主要是因为它的制造成本低、存储容量大。目前，大量的文献资料、影视节目、视听材料、图书、教育节目、游戏、计算机软件等都通过CD-ROM来传播。关盘存储技术运用于现代体育，是的体育科学信息的存储、检索与共享发生了极大地飞跃。

2008年北京奥运会开幕式

光盘存储、传输技术由于有其他存储技术无可比拟的优越性能，有极大的容量，极快的信息传递速度，不但受到科技界和其他行业的高度重视，也在运动训练竞赛领域里有了广阔的应用前景。光盘技术在体育中的运用，实现了体育信息管理的高度现代化。

由于竞技运动项目多，单是田径、体操、游泳三项运动就有上百个奥运会比赛项目，夏季、冬季奥运会正式比赛项目多达数百个，涉及各个项目的竞赛、训练、科研、理论、技术战术等信息。实现体育运动训练竞赛科技文献和专利资料的自动的检索，对体育科研人员、教练员有特别重要的意义，也加快了体育科学和运动训练现代化的发展。同时光盘技术在体育中的运用，也加快了先进技术的推广及成果共享。

# 第五章

# 营养与运动能力

科技化的运动

# 体育

运动员的成绩是靠身体拼搏来的，因此，身体是一个运动员最需要注意的。而良好的身体是取得优异成绩的基础。身体的良好与否在很大程度上与运动员平时的营养是密切相关的，因此，运动员的营养情况直接关系到运动能力。

运动员在进行大运动量的训练时，要消耗身体中的大量能量，训练后必然需要有足够的营养补充。如果营养不良或营养缺乏都会影响运动员的健康及其竞技水平的提高，所以，科学的营养是运动员健康和运动能力的保证。

科学营养是指根据运动员所从事的项目特点、训练消耗的特点，按照营养学的科学方法对机体进行合理的能量的补充。科学的营养应用该起到以下几个方面的作用：迅速补充运动员上次训练或比赛所消耗的能源物质；加速运动后的体能恢复过程；满足运动项目的特点及对营养的特殊要求；建立足够的能源储备，以适应运动负荷要求。

本章主要通过人体中较为重要的糖、蛋白质、脂肪、维生素等与运动的关系，阐述营养与运动能力之间的重要性，能让运动员合理膳食，保持良好的身体状态，从而在比赛的时候获得更好的成绩。

蔬菜

# 糖与运动能力

糖又称碳酸水化合物，是人体组织细胞的重要组成部分，在人体内含量少于蛋白质和脂肪，但是它却是人体所需能量的主要来源。糖是人体最经济的供能物质，其最主要的作用是通过氧化释放能量，供机体需要。糖在氧化时，所需要的氧较蛋白质和脂肪少。长时间运动后，血糖水平下降，能量不足，运动水平便会下降。所以在长时间运动时，血糖下降就成为疲劳并导致运动成绩下降的原因之一。

白糖糕

含淀粉较多的土豆

大强度运动过程中，主要消耗快肌的肌糖；而中等强度运动时，先是消耗慢肌的肌糖元，然后快肌和全部肌糖元都大量消耗。所以糖元与运动员的速度耐力有着密切的关系。运动后，为了补充糖元消耗，可以多吃些糖。葡萄糖可不经消化直接吸收为血糖，作用快，而淀粉类食物要在消化成葡萄糖元后才能被吸收。

糖的吸收比脂肪和蛋白质更快，尤其是单糖类消化吸收得更快，糖在体内可以完全燃烧成为二氧化碳和水，每克糖可产生7克代谢水，在剧烈运动缺水的情况下，可使机体减缓脱水。健身运动前适量喝点咖啡可使糖元消耗的速度减缓，且能增加人体耐力。

科学表明，提高肌肉中的糖储备量，可以明显地增强人体耐力，从而提高运动能力。因此，糖的摄取与储备，对提高运动的耐力具有非常重要的意义。

☆ 补糖对运动员运动能力的影响

实验证明，运动员在运动30分钟后，体内血糖开始慢慢降低。其主要原因是消耗了肌糖原和肝糖原，运动90分钟后，肌糖原和肝糖原差不多耗竭。所以，在耐力型体育项目中，补糖是十分必要的，补糖能提高抗疲劳和运动能力，维持运动过程中血糖的稳定。运动后补糖，可以促进糖原的恢复，从而直接加速运动疲劳的恢复。因此，要注意补糖的方法。

（1）运动前补糖的方法：

糖原负荷法：赛前3天。

赛前6小时（约70～150克）。

赛前2至4小时（约300克）。会引起代谢紊乱，但并不降低运动能力，还能提高2小时以上中等强度的运动能力。

赛前2小时内补糖。

运动前如果进餐太早，注意赛前补糖。

（2）运动中补糖：

运动中补糖的目的主要有三个：使运动中保持血糖浓度的能力提高，有利减少应激激

葡萄糖饮料

素；预防和后延中枢性疲劳；保持运动中血糖水平，节省肝糖原，减少蛋白质消耗。

运动中补糖的方法是：每隔20分钟，饮料或易吸收含糖食物。

## 蛋白质的功效

蛋白质是一种极为复杂的有机化合物。蛋白质是由一条或多条多肽链组成的生物大分子，每一条多肽链有二十至数百个氨基酸残基。氨基酸是组成蛋白质的基本单位，它通过脱水缩合形成肽链。蛋白质的氨基酸序列是由对应基因所编码。在蛋白质中，除了遗传密码所编码的20种"标准"氨基酸，某些氨基酸残基还可以被翻译后而发生化学结构上的变化，从而对蛋白质进行激活或调控。产生蛋白质的细胞器是核糖体。多个蛋白质可以一起，往往是通过结合在一起形成稳定的蛋白质复合物，发挥某一特定功能。

蛋白质是不可

蛋白质食物

或缺的，它是生命的物质基础，没有蛋白质就没有生命。因此，它是与生命及与各种形式的生命活动紧密联系在一起的。机体中的每一个细胞和所有重要组成部分都不离开蛋白质。蛋白质占人体重量的16.3%，人体内蛋白质的种

蛋白质粉

类很多，但是，性质、功能都各异，相同的都是由20多种氨基酸按不同比例组合而成，并在体内不断进行代谢与更新。食入的蛋白质在体内经过消化分解成氨基酸，在体内吸收后接着按一定的比例组合成人体蛋白质，在人体内不断新陈代谢，这样体内才能时刻处于一种平衡的状态。

蛋白质是生命维持的基础，是建造、补充和再生组织的主要材料。肌体的肌肉收缩、放松主要是肌肉中蛋白质分子的互动来实现的。体内能量的一个来源是蛋白质再分解产生的能量。蛋白质在人体内不能储存，正常人每日摄取量与消耗量是成正比的，蛋白质与运动能力的关系，主要表现为在完成多种机能上，而不是作为能源物质类供应能量。运动员的肌肉力量和肌肉蛋白有关，肌肉纤维中的结构蛋白质是肌肉收缩的物质基础。肌肉力量决定肌肉收缩蛋白的数量和性能。力量增加时肌肉收缩，蛋白数量增加。力量训练使肌肉中蛋白质代谢旺盛，合成速度也就加快。

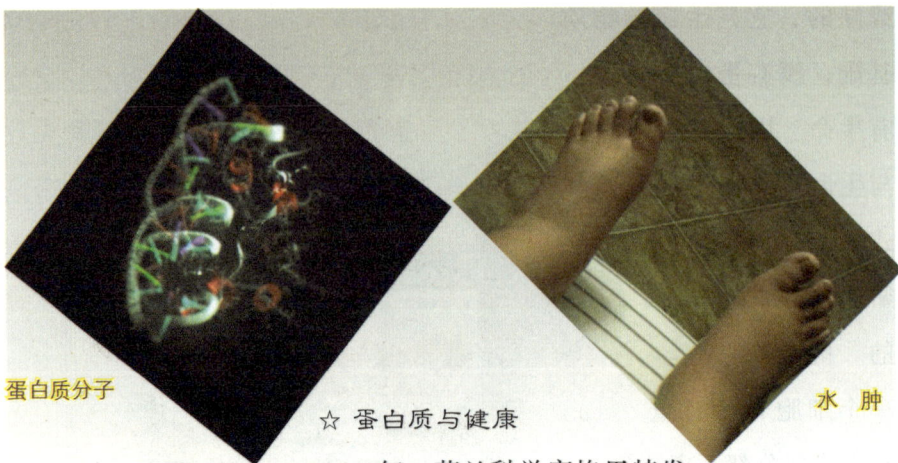

科技化的运动

体育

蛋白质分子

☆ 蛋白质与健康

水　肿

1838年，荷兰科学家格里特发现了蛋白质。他经过实验，发现有生命的东西离开了蛋白质就不能生存，它是生物体内一种极重要的高分子有机物。人体中估计有10万种以上的蛋白质。生命是物质运动的高级形式，这种运动方式是通过蛋白质来实现的，所以蛋白质有极其重要的生物学意义。人体的生长、发育、遗传、繁殖、运动等一切生命活动都离不开蛋白质。个体生命的维持需要蛋白质，更离不开蛋白质。

人体内的一些生理活性物质如胺类、神经递质、多肽类激素、抗体、酶、核蛋白以及细胞膜上、血液中起"载体"作用的蛋白都离不开蛋白质，它对人体维持新陈代谢、调节生理功能起着非常重要的作用。人体运动系统中的肌肉成分以及肌肉在作功、收缩、完成动作过程中的代谢都与蛋白质息息相关，没有蛋白质，体育锻炼就无从谈起。

在生物学中，蛋白质被解释为是由氨基酸借肽键联接起来形成的多肽，是由多肽连接起来形成的物质。简单地说，蛋白质是构成人体各种组织器官的支架和主要物质，在人体生命活动中，起着极为重要的作用，可以说没有蛋白质就没有生命活动的存在。蛋白质主要存在于瘦肉、蛋类、豆类及鱼类中，因此，日常生活中应该多食这些食物。

蛋白质缺乏会给人带来疾病或阻碍身体健康。未成年人蛋白质缺乏会使生长发育停滞、贫血、智力发育差，视觉差；成年人蛋白质缺乏会出现肌肉消瘦、肌体免疫力下降、贫血，严重者将产生水肿。但是，也需要注意蛋白质不能过量，蛋白质在体内不能贮存，多了肌体无法吸收，过量地摄入蛋白质，将会因代谢障碍而产生蛋白质中毒甚至死亡。

☆ 蛋白质的功效

蛋白质在细胞和生命活动过程中，起着十分重要的作用。生物体的结构和性状都与蛋白质有关。蛋白质还参与基因表达的调节，以及细胞中氧化还原、电子传递、神经传递乃至学习和记忆等多种生命活动过程。

机体中除胆汁，尿液外，都是由蛋白质合成的。只有蛋白质充足，机体新陈代谢才能正常。犹如盖房子，构建机体原材料中最主要的就是蛋白质。

（1）蛋白质是合成抗体的成

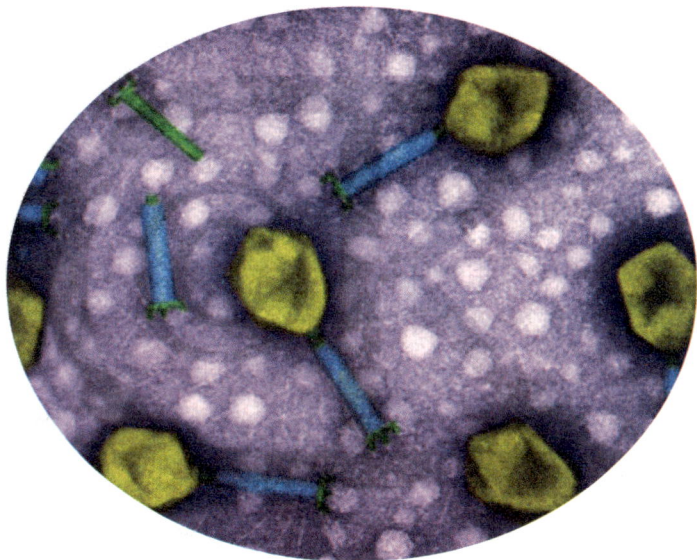

淋巴细包

99

分：可合成白细胞，T淋巴细胞，干扰素等，提高免疫力。

（2）蛋白质是构建新组织的基础材料，是酶激素合成的原料；并且能维持钾钠平衡；消除水肿。

（3）蛋白质是形成人体的胶原蛋白。眼球玻璃体，视紫质都有胶原蛋白；并且能为机体提供一部分能量。

（4）脾胃每天都要消化食物，消化酶是蛋白质合成的。缺乏蛋白质会造成胃动力不够、消化不良、打嗝、胃溃疡、胃炎；胃酸过多，刺激溃疡面你会感觉到疼，蛋白质具有修复再造细胞的功能。消化壁上有韧带，缺乏蛋白质则会松弛、内脏下垂、子宫下垂、脏器移位。

（5）大脑细胞分裂的动力源是蛋白质；脑基液是蛋白质合成的；缺乏蛋白质还会引起性功能障碍。

（6）缺乏蛋白质会出现手脚冰凉；抗体会减少，易感冒，发烧。

（7）调解酸碱度。经常吃肉的人呈酸性体质，会出现头沉供血不足的症状，吃充足的蛋白质，可以不让糖分降低。

（8）肝脏：蛋白质有造血功能；可合成激素、酶；蛋白质可解毒。缺乏蛋白质，肝细胞不健康。

（9）四肢：人老先老腿，缺乏蛋白质肌肉萎缩；骨头的韧性减低，易骨折。

☆ 适合补充蛋白质的人群

（1）占人群总数75%的亚健康人群，欲提高免疫功能，抗疲劳的人群；

（2）非传染性慢性疾病患者，如糖尿病、肿瘤、支气管哮喘、心脑血管、脱发、贫血、消化系统疾病等；

（3）健身运动与喜欢美容的人群；

（4）学习考试需要补脑的人士；

（5）成长发育中的青少年、儿童和孕妇；

（6）想延年益寿的老年人群。

健身运动

## 脂肪的作用

　　脂肪是由脂肪酸和甘油组成的三酰甘油酯，其中甘油的分子比较简单，而脂肪酸的种类和长短却各不相同，因此脂肪酸才是决定脂肪的性质和特点的决定因素。脂肪酸在不同食物中的种类和含量是不一样的。

猪　肉

　　在自然界中，存在40多种脂肪酸，因此，可以形成多种脂肪酸甘油三酯。

　　脂肪对人体也是十分重要的。脂肪酸一般由4到24个碳原子组成。脂肪酸分三大类：饱和脂肪酸、单不饱和脂肪酸、多不饱和脂肪酸。饱和脂肪酸多含于动物脂肪中，如猪油、牛油、羊油等；不饱和脂肪酸多含于植物油中，如豆油、菜油、麻油等。其中后者对孩子较适宜。脂肪的作用主要是供给人体热能，具有保持机体温度的作用。脂肪供给的热能约占总热能的30%～35%，每克脂肪约供给热能9千卡。人体内的脂肪可以

纯天然植物油基础油

保护内脏、眼球、血管、神经等不受损，还能滋润皮肤不干燥；脂肪能促进脂溶性维生素A、D、E、K的吸收，为人体组织吸收利用。当然，脂肪的供给也需要适量，每日每千克体重约4克。如果脂肪供给不足，则容易导致体重不增，脂溶性维生素缺乏。若脂肪供给过多，则会引起消化不良，食欲不振，导致肥胖，引起心血管疾病。

脂肪可以从动植物中提炼得来，还可以从乳类、肉类、鱼类、家禽类、蛋黄及大豆、花生等植物中吸收得到。

脂肪是一种能量最多的物质，在体内氧化时放出的能量是蛋白质和糖的2倍。脂肪是长时间运动能量的主要来源，糖是机体能量供应的第一个来源，但是糖在逐渐减少时，是由脂肪来供给能量的。大部分的脂肪贮存在内脏器官和结缔组织周围。脂肪不仅是能量储备的来源，而且还有保护器官、减少摩擦和防止体温散失等作用。

游泳运动员在低于体温的水中训练，散热大于在空气中，水温越低散热越快。游泳运动员皮下脂肪组织较厚，能减少热量散失。

## 不可缺少的维生素

含维生素C的保健品

维生素是生物代谢和生长所必需的具有复杂结构的有机物。维生素对人体的作用和蛋白质、脂肪和糖类不同，它既不是人体中的主要成分，也不能给机体提供所需的能量。人体对维生素需要量很少，少到只能用毫克或微克来计算。然而，虽然量很少，但是其作用却很大。维生素能调节体内的生理机能，主宰体内营养成分的分配，促进体内各类生物化学反应的顺利进行，充当辅助酶素，促进人体的的生长发育。体内维生素不能缺，一旦缺少维生素，则会引起物质代谢的紊乱，从而引发某些疾病。

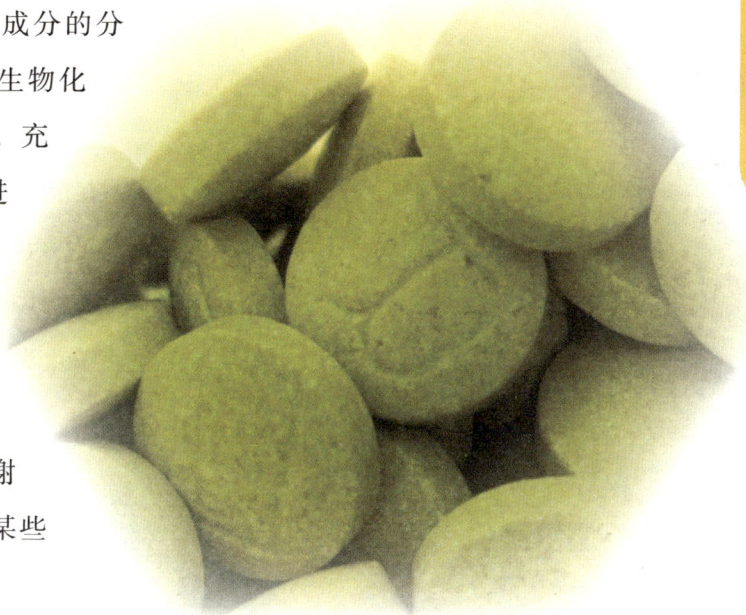

维生素B

1498年，俄国一支由160人组成的探险队，乘船远航到印度。在茫茫大海中航行，由于他们长期没有蔬菜吃，导致他们体内维生素（特别是维生素C）大量缺乏，因而很多人患坏血病而死亡。

现在已知的维生素有20多种，它不能通过人和动物自身合成，必须从植物中摄取。体内的维生素，除了满足代谢和生长的需求外，还会储存一部分。因此，一些动物体内也含有少量维生素。人们为了满足自身对维生素的需求，经过不断研究，现在不仅能从天然原料中提取维生素，也可以通过人工合成的方法来获得某些维生素。

维生素种类繁多，可以根据它们的溶解性分为水溶性和脂溶性两大类。还有的分法是将作用相近的归为一族，在同一族里含有多种维生素时，再按其结构标上1、2、3等数字。脂溶性维生素包括维生素A、D、E、K等。水溶性维生素包括B族维生素中的$B_1$、$B_2$、$B_6$、$B_{12}$以及维生素

C、维生素L、维生素H、维生素PP、叶酸、泛酸、胆碱等。

因为维生素对人体确实有很大的作用，因此，有不少人认为既然维生素对人体益处很大，就应该多吃维生素。其实这是不对的。缺少维生素固然对人体生长发育不利，但是，多吃了维生素也会影响人体健康。如长期过量服用维生素D，则会引发高血钙，使软组织硬化，容易产生疲乏、头痛、多尿等病症。有些维生素吃多了，虽然不会危害健康，吸收后还会分解排泄出来，造成浪费。因此，维生素不可以滥服。

维生素是具有生物活性的一类低分子有机化合物。大多数维生素在人体内都不能合成，必须从食物中摄取，但运动员运动的负荷远远超过一般人的很多倍，能量消耗较常人多，物质代谢旺盛，对维生素的需求单从食物中摄取是难以保证的，需要用一些药物来保证运动员对维生素的需求。在第13届国际运动医学会议上，很多研究报告均涉及到运动员在训练和比赛中补充维生素所引起的作用。多数报告都表明，维生素不但能消除疲劳，加快机体恢复过程，而且还能提高运动能力。

维生素的作用十分广泛，其种类也繁多，不同的维生素的作用也是不一样的，但是大体上可以把维生素的作用概括为以下：

柠檬

（1）维持正常视力，预防夜盲症；维持上皮细胞组织健康；促进生长发育；增加对传染病的抵抗力；预防和治疗干眼病。像维生素A。

（2）维持正常的生殖能力和肌肉正常代谢；维持中枢神经和血管系统的完整。如维生素E。

（3）保持循环、消化、神经和肌内正常功能；调整胃肠道的功能；构成脱羧酶的辅酶，参加糖的代谢；能预防脚气病。如维生素$B_1$。

（4）人体的许多反应与酶的催化作用有密切关系。酶要产生活性，必须有辅酶参加，而许多维生素是酶或者是辅酶的组成分子。

（5）促进机体生长发育和繁殖的作用，如维生素$B_1$和维生素E等。促进人体吸收利用，促进骨骼成长。像维生素D。

（6）产生胶原蛋白，增强皮肤弹性，增强免疫力的作用，如维生素C。

（7）提供能量，能促进生长发育，保护眼睛、皮肤的健康；保护血

胶原蛋白

含维生素多的食物

管，预防动脉硬化的作用。如维生素$B_2$。

以上是人们日常生活中接触、用得相对较多的几类维生素的作用。当然，除了这些以外，像B族、P族的维生素还有很多种，总之，维生素的作用是多种多样的，人们需依据自身情况，适时的补充一定的维生素。

## 抗疲劳物质

随着世界体委对兴奋剂的严格要求，人们试图寻找不属于禁用的兴奋剂的物质，既能强身又能提高运动能力的抗疲劳物质，目前应用较多的有麦芽油、碱盐、肉毒碱咖啡因、天冬氨酸盐、磷酸盐、中药等。

☆ 麦芽油

麦芽油是从小麦胚胎中提取出来的油类，其主要成分是二十八碳醇、少量的亚油酸、维生素E、胆碱以及植物胆固醇等。麦芽油是国际公认的抗疲劳物质，作为天然营养剂而具有增强体力，改善肌肉机能，提高反应灵敏性和运动耐久力的作用。运动员长期服用麦芽油，能提高训练效果，增强体力，提高耐力，降低胆固醇、防治动脉硬化，改善血液循环，增强人体免疫力功能的作用。

☆ 肉毒碱

肉毒碱又叫维生素Bt，是一种类维生素，分子量为161.20。肉毒碱是动物组织中一种必需的辅酶，与脂肪代谢有关。在正常情况下，高等动物能在体

麦芽油

内合成所需要的量，因此，不需在每天的食物都供应这种物质。一般说来，肉毒碱在动物性食物中含量高，在植物性食物中含量低。在鸡肉、兔肉、牛奶、干酪、小麦芽、甘蓝、花生、花椰菜和小麦等中含有肉毒碱。

肉毒碱在哺乳动物的脂肪代谢和能量产生中起着重要作用。其主要功能有：与脂肪酸的运输和氧化有关；与脂肪的合成有关；与酮体的利

用有关。

　　近年来，人们对肉毒碱在生物学上的作用和运动中的代谢特点的研究极为重视，通过研究发现肉毒碱不但是转运脂肪酰辅酶A进入线粒体的载体，而且对丙酮酸、氨基酸的氧化也起带了重要的促进作用，可以缓冲长链脂肪酰辅酶A对生物膜稳定带来的不良影响。在运动时，肉毒碱对糖、脂肪和蛋白质的代谢均有重要作用，

兔 肉

可以减少肌糖元的消耗，对保持正常的运动能力是必需的。

补充肉毒碱时，开始应使用小剂量，每天500毫克L型肉毒碱，同时必须加强医务监督，在确保有益无害的前提下使用。

☆ 咖啡因

咖啡因是从咖啡果和茶叶中提炼出来的一种天然生物碱。咖啡因属于甲基黄嘌呤的生物碱，纯的咖啡因是白色的，强烈苦味的粉状物。适度地使用咖啡因有祛除疲劳、兴奋神经的作用。然而，大量或长期使用则会对人体带来损害，尤其是它也有成瘾性，经常使用，一旦停用则会出现浑身困乏疲软、精神萎顿等各种戒断症状。虽然咖啡因的成瘾性比较弱，戒断症状也不严重，但由于药物的耐受性而导致用药量不断增加时，咖啡因就不仅作用于大脑皮层，还能直接兴奋延髓，引

咖啡因

起阵发性惊厥和骨骼震颤，损害肾、肝、胃等重要内脏器官，诱发呼吸道炎症、妇女乳腺瘤等疾病，严重的甚至导致吸食者下一代智商低下，肢体畸形。因此也被列入受国家管制的精神药品范围。

咖啡因是运动员常用的饮料和食物中的一种成分，属神经刺激剂，国际奥委会虽然允许使用，但是在数量上有一定的限制。咖啡因对耐力运动的主要作用原理是：加速脂肪代谢，可促进肾上腺素分泌，使血中

脂肪酸的供应增加。咖啡因具有抗疲劳和提神的作用，有利于长跑、马拉松等有氧代谢项目运动中能量的供应。

含咖啡因的食物

☆ 磷酸盐

　　天然存在的磷酸盐是磷矿石（含磷酸钙），用硫酸跟磷矿石反应，生成能被植物吸收的磷酸二氢钙和硫酸钙，可制得磷酸盐。

　　磷酸盐能改善磷酸肌酸、糖无氧酵解和有氧代谢3种功能系统，尤其与三磷酸腺苷–磷酸肌酸供能系统有关，故能提高100米跑等快速短跑运动的能力，同时对长时间的耐力运动也有十分明显的作用。

　　早期德国研究发现，磷酸盐能提高运动能力，并把它应用到第一次世界大战，20世纪30年代，又被运动员应用。

　　过量的磷酸盐可由尿中排出，过量磷与饮食中低水平的钙结合，会导致钙缺乏。佛罗里达大学研究者提出既无副作用又能提高运动能力的服磷酸盐法，即每日4次，每次1克硫酸

磷酸盐

钠，或每日4克，在赛前3至4天服用，最后一次在赛前2至3小时服用。

☆ 中 药

白 芍

中国的药文化有着数千年的悠久历史，所以其底蕴十分丰富，关于中药，不管是中国人还是外国人，都有较深的研究，中药越来越被世界各国人们所接受。我国最早的一部中药学专著是汉代的《神农本草经》，唐代由政府颁布的《新修本草》是世界上最早的药典。明代李时珍的《本草纲目》，总结了16世纪以前的药物经验，对后世药物学的发展做出了重大的贡献。

我国中草药资源丰富，许多中药均有抗疲劳、提高运动能力的功效，如人参、田七、花粉、白芍等对抗疲劳、提高运动能力均有良好的作用。

运动员大部分时间是处于训练期的，在较长的训练期内，运动员要承受大负荷的训练，这对机体的消耗是十分明显的，因此，在训练期的营养是极为重要的，它关系到运动员的运动能力和身体健康。运动员缺乏多种营养素是较普遍的现象。合理营养是科学训练的物质基础，同时，有利于器官功能的调节和代谢过程的顺利进行，对运动员体力适应、机能状态、运动后的恢复和伤病防治都具有良好作用。而且，合理营养有助于运动员充分发挥训练效果和竞技能力。相反，运动员训练期营养不平衡则会削弱由于科学训练带来的效益，不但降低运动竞技能

营养的早餐

力，还会影响运动后的恢复和健康水平。

要保证运动员的营养充足，就要改变过去不良的烹调方法和传统的饮食习惯。调节运动员的营养状况，建立合理的营养饮食结构，首先必须对运动员的饮食结构进行调查、统计。然后根据获得的运动员营养状况的准确数据，进行有针对性的膳食调配。改善运动员食物的供应和烹调的方法，使之更适合运动员的机体需要。同时，还需要根据每个项目及运动员的具体情况制定配餐食谱。

☆ 科学合理营养的作用和意义

（1）营养强力作用

营养强力物质是指具有提高运动员运动能力的营养物质。营养强力物质通常分为三类：微量营养素、宏量营养素和代谢中间产物如肉碱、磷酸肌酸等。一般来讲，微量营养素（维生素和矿物质）通过改善全身的健康状况间接提高运动能力。宏量营养素，如碳水化合物补剂、氨基酸和中链甘油三酯，通过提供运动前、中和运动后机体恢复或修复所需要的额外的能量或能量代谢所需要的基础物质来提高运动能力。

（2）科学合理的营养能够提高运动能力

科学合理的营养为运动员提供适宜的能

氨基酸饮料

量，科学合理的营养能通过为运动员提供适宜的能量，使运动员具备适宜的体重和体脂。

科学合理的营养可延缓运动性疲劳或减轻疲劳。赛前、赛中、赛后合理补液对预防运动中的脱水、体温增高、延缓疲劳或减轻疲劳都有良好的作用。

科学合理的营养有利于解决运动训练中的一些特殊问题，如摔跤、举重、柔道等运动员和体操、跳水等项目的运动员需长期控制的体重问题。

科学合理的营养有利于预防以外伤害的发生，当快收缩肌纤维中糖原耗尽时，人体会发生疲劳，控制和纠正运动动作的能力受损害，运动外伤的发生也随之增加；体内糖原储备充足，则可以有效地预防外伤。

柔道比赛

（3）科学合理的营养能促进体能恢复

运动员运动后体力恢复的快慢，关系到训练的效果和以后的训练计划。因此，运动后的恢复也是极为重要的。其中，通过营养措施促进恢复是医学恢复手段的一个重要方面。运动能力恢复的关键在于恢复身体的能量供应及其储备和体液，为加速体内能量、水分、电解质、酶和激素的恢复，剧烈运动后应供给能量充足，蛋白质、无机盐和维生素营养丰富，含碳水化合物多和低脂肪的平衡膳食。

116

☆ 不同运动的共同营养

（1）碳水化合物

身体要维持正常血糖水平，应给予碳水化合物占总热能50%～60%的膳食。

同时，还有调查显示，用富含碳水化合物的小体积高能食品作为赛前或赛中能量补充，是提高运动成绩的一种合理而有效的办法。

（2）蛋白质

机体蛋白质的合成与分解存在着功态平衡。中强度运动使某些氨基酸代谢增强，但需要注意的是，蛋白质终究不是运动员的主要能源，故不宜过多摄入。

（3）脂肪

在轻、中度运动时，脂肪约提供50%的能量需要。但脂肪过高反而对运动不利。

含碳水化合物多的饮料

（4）无机盐和水

长时间的运动，使运动员机体大量缺水，使血清、铜、钾、钙浓度升高。为此，运动员在运动中应补充合适的饮料之外，在赛前0.5至1小时应补充500毫升低渗饮料，赛后2小时内也应该分次补充液体，恢复体质水、促进电解质平衡，加快废物排除，以利于体力恢复。

（5）热能

运动强度、频度和持续时间三要素决定了运动的热能代谢，热能代谢同时也受运动员的年龄、体重、训练水平、营养状况、精神状态及训练时投入用力程度等因素的影响。运动员全天所需总热量大约为2800~3500千卡。

人体内的蛋白质一般不会动用的，运动时，首先消耗的是体内的碳水化合物和脂肪。随着运动负荷和运动强度的增强，对碳水化合物的需求也随之增加；当运动强度达到85%~90%最大氧摄取量时，其全部能量来自碳水化合物。随着运动强度的增加和时间的延长，对脂肪的需求和利用也逐渐增加。

# 第六章

# 运动疲劳与高效恢复

# 科技化的运动

## 体育

运动员在训练或者比赛的时候，因为体能的消耗等各种原因，身体会处于疲劳的状态，这样会直接影响到运动员的训练效果或者比赛成绩。因此，如何消除运动员的疲劳是一个重要的课题。

运动员的疲劳有运动性疲劳、肌肉疲劳和隐形性疲劳等，各种各样的疲劳会使运动员的训练效果和比赛成绩产生很大的影响，甚至会影响到运动员未来的发展和身体健康，因此，人们在研究运动疲劳的时候，在尽力找出相应的方法，把运动员疲劳降到最低，这样不仅有益于运动员的身体健康，而且能让运动员在训练或比赛的时候发挥出优异的成绩。

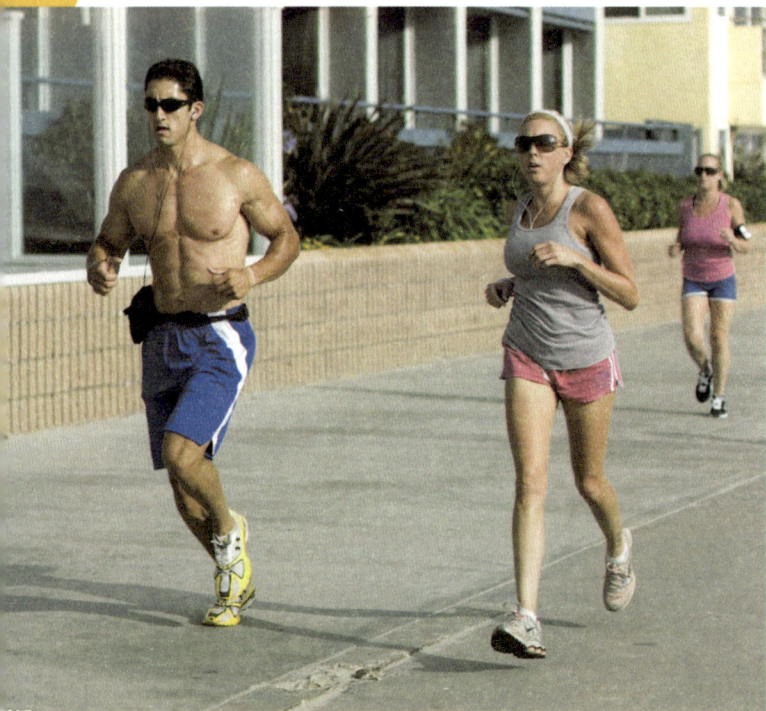

训　练

本章主要讲述的是如何高效地消除运动性疲劳，主要从运动性疲劳、肌肉疲劳、隐形性疲劳等方面阐述，让运动者能更好的消除疲劳，在训练和比赛中都能起到事半功倍的效果，同时，也让运动者的身体快速且良好地恢复。

## 运动性疲劳

运动性疲劳的基本标志和本质特性是肌肉运动能力下降。多年来，研究人员从不同的角度对运动性疲劳进行了大量的研究与试验，提出运动应激性代谢加强的负效应可能是运动性疲劳发生的根本原因，如代谢产物的堆积、代谢基质的耗竭、代谢环境的酸化。它们通过多种渠道可能引起肌肉纤维结构完整性、能量供应、神经体液调节等的改变，导致运动肌肉收缩和舒张产生功能性障碍。所以，运动能力下降产生疲劳是其必然结果。

1982年的第5届国际运动生物化学会议上，把运动性疲劳定义为："机体的生理过程不能持续，其机能在一特定水平或不能维持预定的运动强度。"力竭是疲劳的一种特殊形式，是在疲劳时继续运动，直到肌

跑步

跑步

肉或器官不能维持运动。

运动性疲劳定义的特点是:

（1）把疲劳时体内组织、器官的机能水平和运动能力结合起来评定疲劳的发生和疲劳程度;

（2）有助于选择客观指标评定疲劳。

运动性疲劳发生的部位及变化:

运动性疲劳在人体中可分为心理性疲劳和躯体性疲劳，这两种不同性质的疲劳具有不同表现形式。心理性疲劳主要表现为行为的改变;躯体性疲劳主要表现为运动能力下降。人体的各个部位，从中枢大脑皮层细胞到骨骼肌基本收缩单位都可能产生运动性疲劳。根据研究结果显示，躯体性疲劳分为中枢疲劳和外周疲劳。中枢疲劳是指缺乏动机、中枢神经系统的传递或募集发生改变。外周疲劳包括接点传递、肌肉点活动和肌肉收缩活动能力下降。

☆运动性疲劳的有关因素

运动性疲劳是由于进行体育运动训练锻炼而引起的人的工作能力暂时降低的一种身体状态，是生理过程的一种自然现象。自1880年莫索研究人类的疲劳开始，距今已有100多年历史了，但至今人类尚未阐明"运动性疲劳"产生的根本原因。许多学者认为运动性疲劳产生的原因在于作为工作器官的肌肉本身。因为肌肉工作的结果，在肌肉中积累了代谢物（如乳酸），因而肌肉便不能正常工作了。也有专家指出，工作的肌肉没有积累乳酸也会出现疲劳。还有的

耐力性运动

学者认为"疲劳"既产生于工作的肌肉中，又产生于神经中枢中。这就是疲劳的中枢神经学说，这一学说是以工作肌肉的冲动，经常作用到神经中枢这一概念为基础的，结果在神经中枢内发生一系列复杂的生理过程，其后果是肌肉出现了疲劳。

总的来说，运动性疲劳的发生与以下几个因素有关：

首先，运动能力与身体素质的变化是导致运动性疲劳的因素之一。人体的运动能力和身体素质与自身各器官系统的功能紧密相关。身体素质就是人体各器官系统的功能在肌肉工作中的综合反映。各器官功能的下降，必然影响到身体素质与运动能力。如长时间的肌肉活动导致肌肉功能下降时，力量、速度等就自然会下降并且会感到疲劳；在耐力性运

磷酸肌酸　　　　　　　　　　　食用糖粉　　　　　　　　　　含脂肪多的肉类

动中，如果心肺功能下降，承受耐力负荷的能力自然会降低，人体也就降低了工作能力而感觉疲劳。

其次，在运动时，体内能源储备会渐渐减少，能源物质转换速度减慢和身体各器官系统功能的降低，这是导致疲劳的重要原因。由于人体经过长时间持续运动，使体内三大能源系统中的能源物质磷酸肌酸、糖原和脂肪消耗较多。能源储备的消耗和减少，能量供应不足，会引起各器官功能的下降。加上肌肉活动时的代谢物（如乳酸等）的堆积及水盐代谢变化等影响，使机体工作能力下降而出现疲劳。

再次，精神意志也是疲劳的相关因素。人类的各种活动都是在神经系统指挥下进行的。神经系统功能下降，神经细胞抑制过程的加强，都会使疲劳加深。但是，人的精神状态、情绪意志对人体机能潜力的充分动员关系极大。当人类在生命遇到危险时或人们所从事的工作任务、从事的运动足以引起一种激动高昂的情绪时，尽管他们早已筋疲力尽，他们还能继续表现出非常高的工作能力，这种能力、这种狂热激情，在通常情况下是做不到的，这只能在十分危急或者精神紧绷的状态下发生。

☆运动性疲劳的消除方法

运动性疲劳是一种自然现象，是运动训练的必然效应。然而，如果不及时消除疲劳，将导致人体机能下降，影响以后的练习质量。若过度疲劳，运动时易发生危险，严重影响身体健康。那么，我们该如何来消除运动性疲劳呢？

（1）科学合理的准备活动和整理活动

在运动前，科学的准备活动可以使身体在最短的时间内达到运动所需要的最佳状态，防止运动中出现意外。而剧烈运动后骤然停止，会影响氧的补充和静脉血回流，减少心血输出量，致使血压降低，造成暂时脑贫血，会引起一系列不良反应，对机能的恢复、疲劳消除和肌肉酸痛的消除是十分不利的。因此，在运动前要做充分的准备活动，在运动后

跑 步

应做适当的整理活动，对机体完成训练是极为有益的。做准备活动时一定要使机体达到适宜运动的状态，一般以微微出汗为佳。同时，运动前的肌肉牵拉也很重要，做整理活动时量不宜过大，动作尽量要缓慢、放松，使身体逐渐恢复到安静状态，如进行慢跑、走或做放松操，同时进行深呼吸；也可随音乐进行放松跳动等。

（2）睡眠充足

睡眠是大脑皮层抑制过程加深的结果，是正常的生理现象。睡眠时，机体感觉减退，意识消失，全身肌肉处于放松状态。充足的睡眠是消除疲劳、恢复体力的一个关键。因此，练习者要重视睡眠。因此，运动员在训练的时候，要保证充足的睡眠时间。在大运动量训练和比赛期间，睡眠时间应适当延长。

（3）冷水浴和温水浴

目前冷水浴在国外很多的优秀运动员中十分盛行，通常在大强度训练结束后30分钟内就进行，冷水浴一般只针对下肢，水温控制在10°左右，可以在冷水浴结束后再进行温水浴，运动后进行温水浴，可以刺

冷水浴

激血管扩张，促进血液循环和新陈代谢，加速代谢产物的排出，改善神经、肌肉的营养，同时可使汗腺分泌增加，肌肉放松，达到加速消除疲劳的目的。温水浴的水温为40℃±2℃，每次10～15分钟，不宜超过20分钟。冷水浴和温水浴对于大强度训练造成的肌细胞破坏的恢复很有好处。

（4）按摩

按摩是加速疲劳消除的有效的手段之一。通过按摩不但能促进大脑皮层兴奋与抑制的转换，使因疲劳引起的神经调节紊乱消失，而且还可以促进血液循环和淋巴循环，加强局部血液供应，促进代谢产物的排出，加速疲劳的消除。按摩的部位，根据项目的特点和疲劳程度而定，一般将按摩的重点

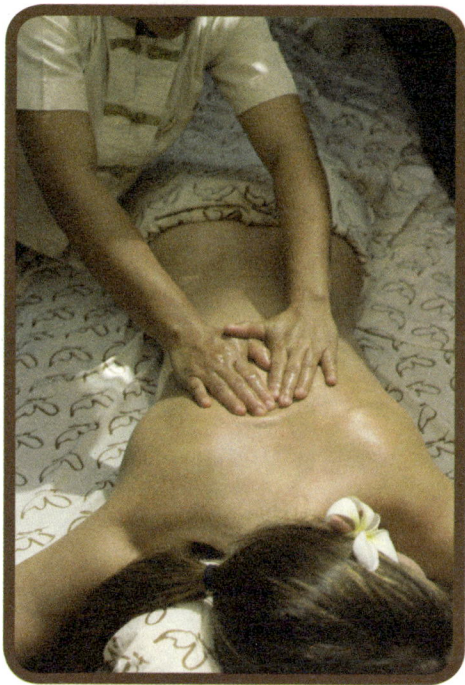

按 摩

放在运动负荷最大的运动部位。目前常用的按摩方法有机械按摩（按摩椅、带式按摩机、按摩床、滚动放松机和小型按摩器）、气压按摩、水力按摩及人工按摩。采用人工按摩时，肌肉部位主要是以揉捏为主，交替使用按压、抖动和扣打等手法；关节部位以揉为主，穿插使用按压、搓和运拉等，按摩开始和结束时用推摩和擦摩的手法，按摩可在运动结束与整理活动一并使用，也可在运动结束洗澡后或晚上临睡前进行。

（5）药物疗法

为了尽快消除运动性疲劳，可适当使用一些药物治疗，在排除兴奋剂的前提下，尽量使用维生素或天然提取的专用药物，这样能有效地调节人体生理机能。加速新陈代谢，补充能量；减少组织的耗氧量，减少氧气，改善循环尤其是微循环，提高生物氧化过程，补充肌肉营养；调节中枢神经系统，扩张冠状动脉。目前，常用的有维生素$B_1$、$B_{12}$、维生素C、维生素E，黄芪、刺五加、参三七、人参、鹿

含维生素多的水果

茸、冬虫草和花粉等。

（6）心理疗法

心理疗法主要是意念活动。运动后通过一定的套语暗示，可消除神经紧张、心理压抑，降低中枢神经系统的兴奋性，消除疲劳和促进机能的恢复。目前常用的有自我暗示和自我催眠。如：在全身自然舒适的状态下进行心理暗示，如自己对自己说"我躺在一个舒适的地方，空气新鲜；我入睡了，没劲了，眼皮发沉，颈部放松，腰背放松，大、小腿放松，全身放松"。在设计暗示语时，不用考虑语言修饰和语言的逻辑性等。暗示放松时间大概为10分钟左右。

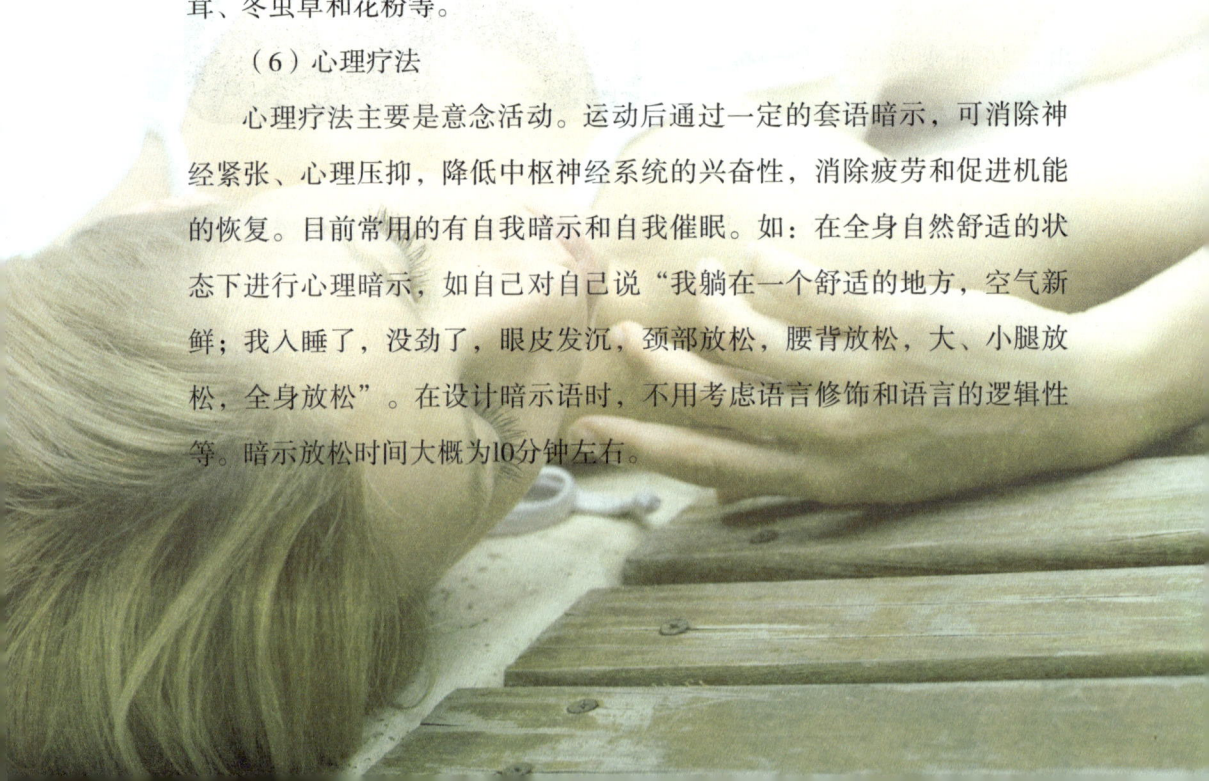

## 肌肉疲劳

运动性肌肉疲劳是指运动引起肌肉产生最大收缩力量或者最大输出功率暂时性下降的生理现象。在持续性和间断性的最大、亚最大以及中小强度运动中，运动性肌肉疲劳的发生和发展伴随全部运动过程，但疲劳发展的速度与运动负荷强度大小有关，肌肉疲劳达到极限，称为耗竭。运动性肌肉疲劳既是机体对运动负荷所做出的一种必然性反应，同时也是进一步引起机体产生适应性变化、提高其运动能力的有效刺激。

肌肉疲劳的因素主要和肌肉内部化学架构的改变有关，主要的有以下几点：肌肉内乳酸的聚积；酸碱浓度的改变；神经细胞内钾离子的减少；神经脉冲的传导速度变慢；细胞内ATP能量的减少；糖原储量降低；肌球蛋白和钙离子的结

增强肌肉训练

合变慢；连接桥的滑动循环变慢；有时肌浆膜受到破坏。

明白了肌肉疲劳的各种原因，进行训练时便能根据各人的具体情况，挑选最适当的运动程序，达到最好的训练效果。

☆肌肉恢复形式

很多训练运动强度大，能量消耗多，神经负担重。因此，必须特别注意锻炼后的恢复。恢复过程时间的长短由多种因素决定，如锻炼水平、负荷量大小、身体机能状态等。

另外，较小肌肉的恢复相对较快，例如肱二、肱三头肌等在较短时间内就能完全恢复，较大的肌肉，如股四头肌和背部竖脊肌等则需要较长时间才能够恢复。如果肌肉没有完全恢复就进行第二次锻炼，则效果肯定不好。长此下去还会造成肌肉僵硬、过度疲劳，使效果大打折扣。那么，机体如何才能得到更快、更好的恢复呢？

恢复主要有两种形式，即积极性恢复和消极性恢复。

积极性恢复是指用转换活动内容的方法进行恢复，如运动后的整理活动、物理和机械的放松与按摩、适当补充维生素、进行心理放松等。

积极性休息之所以能起到恢复作用，是由于转换新活动时，大脑皮质中

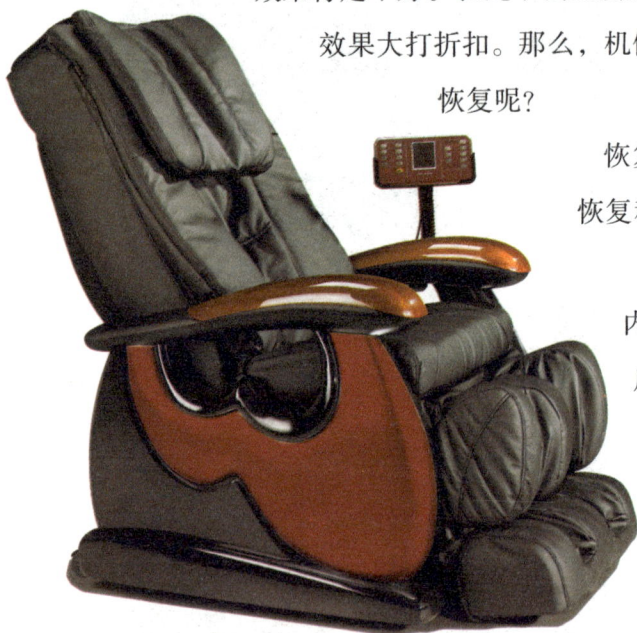

音乐按摩椅

130

枢的兴奋能诱导周围的抑制过程加强，使原已疲劳的中枢抑制加深，能量物质的合成进行更快，并能促进乳酸的消除。健身后的整理活动，有助于人体由激烈的活动状态转入正常的安静状态，使静脉血尽快回流到心脏，加快整个机体的恢复，防止出现急性脑贫血、血压降低等不良现象。整理活动包括深呼吸和较缓和的活动，如慢跑、四肢放松摆动等。

消极性恢复是指一般的静止休息、睡眠等。睡眠时，中枢神经系统，尤其是大脑皮质的抑制过程占优势，能量物质的合成过程也占优势，体内的一些代谢产物或被利用或被排除，疲劳得到清除，肌肉的恢复和增长在睡眠中发生。因此，训练后必须有足够的睡眠时间。

训练或者比赛后进行相互按摩和自我按摩，可使肌肉中的乳酸尽快排出或转化，促使肌肉放松，消除疲劳。按摩一般在运动结束后20～30分钟内或晚上睡觉时进行。按摩从轻按开始，逐渐过渡到推摩、擦摩、揉捏、按压和叩打，再配以局部抖动和被动活动。按摩要从远心端向近心端进行，即从小脚、大腿到腰背，从手、小臂、上臂到胸部，也可采用电动按摩或水力按摩。

睡 眠

训练或者比赛20分钟后，最好先洗个温水澡，水温控制在30～40摄氏度。温水浴不仅对心血管系统和中枢神经系统有镇静作用，还能促进血液循环，保持皮肤清洁，排除体内废物，消除肌肉紧张，减轻酸痛感，加快机体的恢复。

在进行较大强度的健身时，能量消耗大。因此，训练后要适当加强饮食营养，补充维生素。另外，如果只注重蛋白质的摄取，忽视碳水化合物的摄取，则机体不能获得足够的能源物质，肌肉在超量恢复过程中就不能以肌糖原的形式储存较多的能量。若下次肌肉的能量储备恢复不到原有水平，则会导致肌肉持续疲劳。因此，训练或者比赛后的饮食调节十分重要。

温水浴

大强度训练时，大脑皮质的运动中枢处于长时间的紧张工作状况，会使神经系统十分疲劳。因此，训练后宜采用气功或形式放松，结合进行轻松愉快的文化娱乐活动，以消除心理紧张和神经系统的疲劳。

总之，训练或者比赛后的恢复非常重要，每个运动员都应该引起足够的重视。

# 第七章

# 科学健身健美

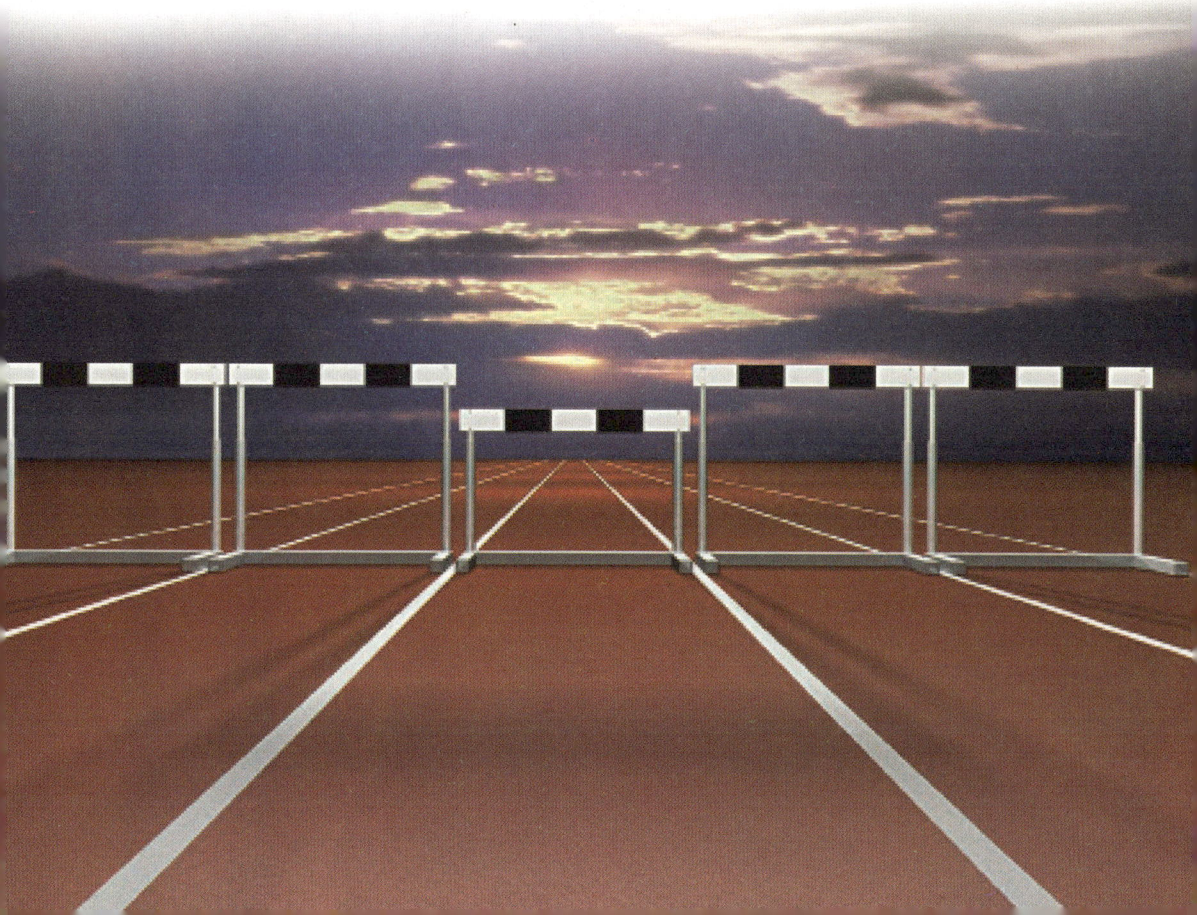

美的人体应该是力、健、美的结合。美的人首先应该是健康的，没有健康的身体，就没有人的形体美。只有匀称、健康的人体形象，才能表现出富有生命力的美，显示出勃勃的生机和充沛的精力，才能成为人的本质力量的承载体。

健美指人的健康强壮的身体所显现出审美属性。它是人们追求人体美的一个综合标准，包括人体的肤色、肌肉、血液、骨骼都充满着生命的活力，无论其外部形式还是其内部结构都是协调、匀称、充满生机的。进行任何行动都能显示出全身各部分的协调和谐、自然舒展、生气盎然、神采奕奕。

现代人再也不只是追求原来的"瘦骨嶙峋"的畸形美，而是现在的健康美。爱美之心人皆有之，每个人都渴望自己能有一个健美的身体，追求美好的生活，追求美的情愫，期待美的享受。

要造就健美的体型和健康的身体，就应积极参加体育锻炼和适当的体力劳动。因为健美可以通过后天锻炼获得。人的身体结构是十分完善的，具有极大的可塑性，必要的营养和经常参加劳动、坚持体育锻炼，是促进健美的条件，它能使肢体各个部位得到匀称的发展，肌肉会结实而富有弹性，关节灵活，体型完善，面色红润。

如今，很多人下班后或周末走进健身房挥汗如雨早已成为一种时尚。

因此，应该提倡科学合理的健身健美，本章主要讲述的就是如何更科学合理地进行健身健美。

## 健身的提倡

☆ 生命在于运动

2000多年前，希腊哲学家亚里士多德提出了"生命在于运动"的名言，当时他在山崖上刻着："您想健康吗？运动吧!""你想聪明吗？运动吧!"这在当时及接下来的漫长岁月里，给人们的思想起到了巨大的冲击，对促进人们健康发挥了积极而有效的作用。但是，随着科学的发展、医学的日益进步，人们越来越认识到运动与休息，劳与逸是矛盾统一的，二者处于相对平衡状态下生命才能健康。

人体是一个平衡器，其功能和结构都是符合对立统一规律的。如：肺呼气与吸气；骨骼的屈和伸；营养的吸收与废物的排出；心脏的收缩与舒张；体液的酸性与碱性；肝脏的合成与分解；胆固醇的高密度脂蛋白和低密度脂蛋白等。这些对立方面，无一不是在神经、内分泌激素的调节下，机体各个部分相互协调，实现统一机能，维持人体生命的存在。

人体的脉搏、血压、呼吸、体重、体温、肝功、肾功等都有正常范

亚里士多德

睡　眠

围（值），正常值就是人体诸器官处于动态平衡的标志。只有在这种情况下，人们才可以健康长寿。

生命在于平衡。那么，人们要怎样才能维持人体正常平衡呢？要让身体各个方面都平衡，身体才能健康。因此，要让身体健康，主要实现以下几个方面的动态平衡：

（1）动静平衡。动静平衡属能量平衡，人体器官的活动，有张有弛。人体运动包括休息、劳动、睡眠等活动。过量劳动，不注意睡眠和休息，也给人体造成巨大的损害，引发疾病。除了要保持运动和休息平衡之外，还要保持情绪的平衡。情绪是生命的指挥棒。人的情绪对人体身体健康是非常重要的，过度的消极情绪，长期不愉快、恐惧、失望，会抑制胃肠运动，从而影响消化机能。情绪消极、低落或过于紧张的人，往往容易患各种疾病。在这个竞争激烈的社会，生活工作等压力会让人们常常处于压抑状态，心情则会受到影响，从而影响身体健康。因此，无论在何种情况下，都应该保持情绪的稳定和自我控制的良好状态。尽量做到遇事不怒泰然处之，随遇而安。

（2）营养平衡。营养平衡属物质平衡。《中国居民膳食指南》中指出："食物要多样，饥饱要适当，油脂要适量，粗细要搭配，食盐要限量，饮酒要节制，三餐要合理"的饮食原则。注意膳食营养，这样才能确保全面、合理地摄入六大营养要素。但是，需要注意的是：营养也应该适当，不能营养过剩，营养过剩则很容易导致肥胖，这样很容易引起糖尿病和心血管疾病；如果营养不足，也会引起营养不良等系列症状。不胖不瘦，保持体重稳定的人，寿命最长。

（3）内外平衡。机体的存在要与多变的环境相适应。这就要求人们应努力做到适应环境的变化，增强机体抵御外界变化的能力。

人类要给自己创造一个无污染、无公害的"绿色"生活

《中国居民膳食指南》

空间，力求环境优美、舒适及安全。生命健康的人，必然是在营养、心理、动静、阴阳等方面经常维持平衡的人。与外界环境保持动态平衡，而且生理和心理都是健康的人，多能长寿。


☆ 运动与寿命

人的寿命长短与遗传、疾病、生活方式、工作性质、社会经济、地理环境以及运动等各种各样的因素有关。在这些因素中，很多因素是不

容易改变的，但是后天的运动可以使某些因素改变。健康长寿是人类的共同的愿望，为了实现健康长寿的愿望，越来越多的人加入到了运动健身的行列，而且已经形成了时尚。

关于运动与寿命关系的大规模研究，可以追溯到20世纪60年代后期《美国公共卫生杂志》所发表的Hammond等人的研究成果。通过对100万人研究，将人群分为4个组，即不运动组、轻度运动组、中等度运动组和剧烈运动组，又将每组分若干年龄段，每增加5岁为一观察组。研究结果发现：45~49岁之间人群，不论有否运动习惯，年均死亡率仅为0.23%~1.06%，运动的影响并不明显；60岁以后则显示出运动对寿命有着明显影响；70岁人群，如有较剧烈的运动习惯，则年均死亡率为1.56%，有中等度运动习惯的人年均死亡率为2.60%，有若干运动的人年均死亡率约为4.92%，而根本不运动的人年均死亡率则高达11.02%。

有氧运动

运动与寿命关系的研究，主要指无实质性疾病的健康人，患有疾病的人是否适于运动和如何运动，则应另请医生予以处方。运动种类繁多，并非所有运动对延长寿命都是显著的。最近国外一项研究显示：进行滑雪（被称为长寿运动）和中距离跑的人群，平均寿命最长，可达80岁，超过90岁者也不鲜见；游泳、击剑、船艇、乒乓球、网球、排球、篮球、高尔夫球、柔道、滑冰、短跑等项运动长期坚持的人，平均寿命

也都高于不经常运动的人。

近年研究显示：寿命长短与最初开始参加运动的时间有密切关系，从青年时期就开始运动并能坚持者，可明显延长寿命，如进入老年后才开始运动，对生存期的影响极为有限，可见运动习惯愈早养成愈好。据统计，45~54岁开始运动者与不运动者比，平均寿命可延长0.43年；而到65~74岁才开始运动者，则寿命仅能延长0.25年。

很多中年人过早死亡，50%是因为不健康的生活方式，但是缺乏运动也是其中原因之一。然而，需要注意的是，青年时期就已经有良好运动习惯的人，如果到中老年却放弃这种习惯，相反，寿命还可能会缩短。随着年龄的增长，人们可逐渐减少运动的时间和强度，或改变运动方式，但是不可以放弃。一名久经沙场的运动员，不要在退役后以为大功告成而想休息一把，要知道运动员的运动习惯已为健康长寿打下了基础，一旦退役立即停止运动，会带来负面影响。离开赛场的运动健将，

可逐渐减少运动量，缓慢进入一般运动爱好者的状态，并始终将这种状态持续到无法活动为止，这样才会健康长寿。

## 健身方法

☆ 制定自我健身计划

健身运动本来是增强体质、娱乐身心，但若方法不正确，反而会收到相反的效果，因此，健康运动必须遵循一定的规则。

（1）制定自我健身处方

经过大多数人的切身实践，行之有效的健身原则主要有：

①差异性原则

运动需要根据不同的性别、年龄、生活水平、身体条件等各方面情

健身运动

况，在选择锻炼时间、方法、内容、运动负荷时要区别对待，因人而异。

②持之以恒的原则

持之以恒，是自古以来健身运动获效的一大诀窍。即要坚持不懈地、经常性地参与健身活动。如果中途放弃，或者三天打鱼两天晒网，也不会有什么效果。世上没有一劳永逸之功，只有坚持锻炼，才会有好的效果。

③自觉积极性原则

锻炼者要有明确的锻炼目的，并坚信通过健身可达到这些目的，从而自觉积极地进行健身锻炼。

提高健身的积极性，首先要培养兴趣，其次要不断提高对健身重要意义的认识，还要定时测验健身效果。

④合理负荷原则

根据生理学超量恢复原理，机体的应答性反应大小一般与刺激作用的大小成正比，也就是

坚持锻炼

合理负荷锻炼

说：在符合极限范围内，负荷越大，健身效果越显著。锻炼者个人应根据自身条件，确定一定的负荷，而不应一味地避重就轻。

⑤全面锻炼原则

人体是一个有机整体，身体各个器官、各系统是相互影响、相互联系而存在的。通过健身锻炼使人的身心得到全面协调发展，而不是畸形地突出某一方面。

⑥循序渐进的原则

健身锻炼是一个很长的过程，是身体对内外环境逐步适应的过程，是一个由量到质的转变过程，因此要循序渐进。健身锻炼过程中，锻炼的形式、方法、内容和手段要有易到难，由小到大，由简到繁，有步骤地进行。

（2）制定运动计划

制定一个比较好的运动计划，并且持之以恒地去锻炼，就能创造并保持所希望得到的健康生活。你可以骄傲地

健身

说："我为自己设定了目标，并成功实现了目标。"甚至，你还有可能成为别人模仿的对象。大致可分为以下几个步骤：

①定一个明确的目标

问问自己，关于健康与身材，想要实现什么目标。你的回答会有助于明确目标。例如："我的目标是获得健康的身体，保持姣好的身材。"这些回答对你制定目标有很大的促进作用，意识也能促使你去实现这个目标。

②寻找一个学习的对象

模仿成功者的行为是实现目标的好方法——这个人可以是你认识并钦佩的人，或一个有影响力的公众人物。不需要完全遵循这些人具体的方法及理念，只要学习他们方法中某些对你成功有利的因素即可。

健身运动

③想象成功

自律的人会设想自己成功时的情景。虽然这听起来有点可笑，但通过想象，可以让我们将想象变成现实。如果你的目标是减肥，想象一下自己穿上修长的黑色连衣裙时的美妙感觉——有了这样的想象，你会发现自己更容易做出健康的选择。

④拒绝借口

如果你希望实现自己的减肥目标，那么便应集中精力完成这一目标，而不要将精力用在编造理由，为自己没能完成的事找借口。为了避免给自己找借口，将你不能达到目标的所有原因都写下来，然后再记下可以克服这些困难的方法。比如，如果你没有钱买一套新的运动服，那么就可以穿T恤及短裤运动。

⑤发现减肥过程中的乐趣

很多人在努力实现目标的过程中，找到了乐趣、兴奋以及刺激的感觉。即使为了实现目标，有些必要的工作可能暂时无法让你感到愉快，但最终成功的感觉一定会让你觉得你的付出是值得的。

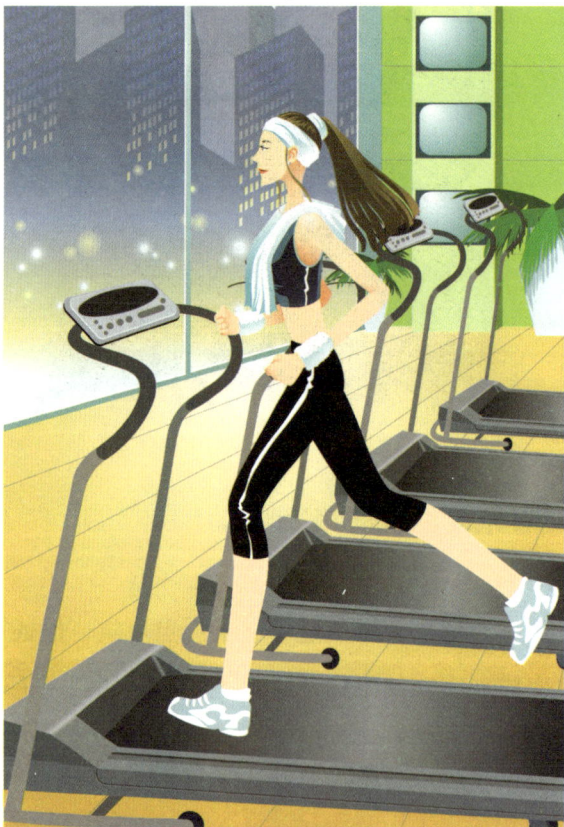

⑥区分对待生活

成功的人具有一个非常突出的能力，就是将他们的生活分为不同的部分，集中精力处理他们当时首要解决的事情。例如，对于饮食，可以继续改善，但是对于减肥的其他方面，如减压就可能需要其他的策略。

运动减肥瘦身

☆ 做好准备活动

准备是在锻炼、训练

准备活动

和次赛前有目的、有计划地进行的各种身体活动。人体在运动前，处于一种相对安静状态，机体的各种器官，系统及其活动能力都处于相对稳定的低水平状态。而运动则使身体处于高度紧张状态，各种技能也产生急剧的变化，如不妥善处理，这种急剧变化常常成为事故发生的原因，尤其是对老年人来说，是安全方面的大敌，必须引起足够的重视。因此，在健身运动前，应先做一些准备活动。

准备活动能够在事前提高体温，把循环系统、呼吸系统、神经系统、运动系统等从安静状态慢慢地导入适应运动的状态，使身体能够适应即将进行的健身运动，预防运动性损伤的发生，并充分发挥运动能力。

（1）做好放松活动

①放松

放松指身体肌肉放松。在放松大腿前群肌肉时，应该坐在垫子上，膝关节下要垫着运动服或其他的东西。在放松臀部、大腿后群和小腿后

科技化的运动

体育

群肌肉时，应该俯卧在垫子上，小腿下部或脚背要垫着运动服或其他的东西，也可以俯卧在垫子上，让同伴一手扶起你的小腿，用另一只手来放松按摩臀部、大腿后群和小腿后群的肌肉。此外，还可以俯卧在垫子上，小腿下部或脚背要垫着一些较软的东西，同伴两手扶墙站在被放松运动员的臀部和大腿后部，用脚进行踩压放松。

②意念放松

两腿分开站立与肩同宽，两手下垂，双眼闭目，

放松运动

大脑不想任何事情，然后慢慢用鼻子深吸气，再缓慢用嘴吐气。

大腿分开站立与肩同宽，两手下垂，双眼闭目，大脑不想任何事情，然后两臂同时缓缓前举至水平位置时再慢慢下放，两臂前举时用鼻子深吸气，放下时用嘴吐气。

两臂同时缓缓侧平举至水平位置再慢慢放下，举臂时吸气，放下时吐气。

两臂前举至水平，然后同时向外扩展至侧举再慢慢放下，配合呼吸。

两臂上举，头后仰展体，然后低头含胸屈体两手尽量向下、向上、

146

向后时吸气，向前向下时呼气。

俯卧在垫子上，身体完全放松，闭上眼睛，呼吸均匀，想象风平浪静时大海的波浪浮动等美好感觉。

③慢跑

运动训练结束后要立刻开始慢跑，一般应跑10~15分钟，跑的快慢应该控制在两人能够边跑边轻松地聊天的速度为宜。这样慢跑一方面可以通过这种有氧的运动，使在训练过程中体内产生的乳酸得到排除。另一方面可以使运动者的心肺功能逐渐恢复到安静状态，有利于运动员的健康。慢跑不仅能够达到身体放松的目的，而且可以起到调节心理的作用。

④拉长肌肉

牵拉肌肉的时间应该选择在慢跑结束后进行，牵拉的部位重点在臀部、背部、大腿前后肌群以及小腿后群肌肉。慢跑应该遵循循序渐进的原则，开始时用力小一些，然后逐渐加大用力和动作的幅度，牵拉背部和臀部

跑 步

肌肉时最好采用体前屈和下蹲屈体团身的姿势，牵拉大腿后群肌肉时也是采用体前屈的动作，但膝关节应该微屈，这样效果更好一些，在牵拉

大腿前群肌肉时可以双膝跪在垫子上，然后慢慢向后倒体，在牵拉小腿后群肌肉时，要采用膝体前屈，一腿前伸勾脚尖、重心放在后腿上的姿势，左右交替进行。

（2）运动前的准备活动

运动前要做好充分的准备活动，那么，要如何做好准备活动呢？

①伸展肌肉。颈部肌肉的伸展，运动员站立或跪立，低头，仰头，分别向左右侧头，最后是头分别向左向右或由右向左绕环；躯干肌肉的伸展，体前屈或下蹲屈体团身，上体分别向左右侧屈，上体后仰，腰分别由左向右或由右向左绕环；上肢肌肉的伸展，两臂上举后振，两臂下垂后摆，两臂上举，两手交叉，手掌上翻向上伸展，单臂上举向异侧方向振动；下肢肌肉的伸展，做体前屈的动作，但膝关节应该微屈向下压可使得大腿后群肌肉伸展。

②走

通过走一段距离，可以使被牵拉肌肉的弹性得到恢复，运动员走的时候可以先是随意走，然后是用脚后跟走，前脚掌走，脚外侧走以及脚内侧走等，走的速度由慢到快。

☆ 四季健身

人类长期与外界环境相互作用而形成完善的生理机能的节律性，

漫　步

因此，按照生理活动的节律性变化来安排生活、工作、锻炼、药物保健是促进健康和长寿的重要原则。要保持身体健康，就要根据春、夏、秋、冬四时季节的不同，来安排身体的锻炼。

（1）春季健身

人们常说"一年之计在于春"，春天是一年中最为重要的季节。冬去春来，冰雪消融，春天是万物苏醒和生长的季节。自然界一切都充满了生机和活力。

春天不仅是大自然苏醒的时节，也是人们进行体育锻炼的良好时机。春天一到，人体阳气开始升发，气血有往外透达的趋势。这个时候，人们应经常到户外进行体育活动，这样才能加快气血运行的速度，振作人们的精神。

春季锻炼对改善人体新陈代谢，提高机体免疫能力，效果尤为

科技化的运动

显著。

冬季时，气候寒冷，人们很少出门，常在室内，也很少开门窗，因此，空气比较污浊，活动也大大减少。因此，入春后，人们应该走出室内，到空气清新之处，如广场、公园、树林、河边、山坡等地，打打拳、玩玩球、做做操、跑跑步等，可以通过各种形式进行适当的锻炼，尽量多活动。

春季是绿草如茵，生机勃发的时节。自古以来我国人民便习惯于春游，也叫踏青。踏青与一般的运动相比较，身体进行活动的时间要比较长一些。长时间的运动，能使血液循环状态得到很好地改善，机体获得充足氧气，同时，还能及时而彻底地排除内部废物，促使新陈代谢更加旺盛。

春天气温逐渐升高，人体内保持热量的内分泌腺也减少了活动，整

个冬天储藏的产热原料，如脂肪，在肝脏内寄存的肝糖元等，开始了充足的供应。血液的快速循环，把大量的热能原料、营养物质、氧气等，不断地运送到肌肉皮肤，同时，汗腺和皮肤腺也得到了充分地活跃。

　　春天锻炼还有一个更好的项目，那就是冷空气浴。所谓冷空气浴，是利用春天气温的特点，通过冷空气对皮肤的刺激，提高身体对感冒和其他疾病

登高

的抵抗力，这是一种很好的春季健身方法。进行冷空气浴时，要先做好准备活动，使身体体温升高，然后脱掉外衣，边活动边进行冷空气浴。春天的平均气温为10~20摄氏度之间，比人的体温要低，皮肤露在外面，其皮肤表面受到冷空气刺激，体温散失，为维持体温平衡，身体必须进行提高气温调节中枢的活动，皮肤血管收缩，皮肤血流量和汗腺分泌减少，肌肉兴奋性及收缩能力增强。同时，血液循环的加快，使心脏功能得以改善，提高了新陈代谢水平，使人精力充沛，体质增强。

　　然而需要注意的是运动要适量，当运动后感到精神健旺，身体松快舒服时是最佳的状态。这样可使春气之升发有序，阳气之增长有路，符

合"春夏养阳"的大旨和"夜卧早起，广步于庭，被发缓形"的要求。

中医还认为，在阳光明媚，风景秀丽的春天最好能登高赏花，游山戏水，行歌舞风，踏青问柳，这样既能使身体得到很好的锻炼，还能陶冶情操，愉悦身心，达到延年益寿的目的。千万不要孤眠独坐，心情压抑，这样对身体健康是大大不利的。对于一些老年人来说，宜选择一些简单易行、确实有效的保健运动。象"太极拳""八段锦""易筋经""十二段锦刀"及各种导引势锻炼身体。保持身体健康，还可以读书写字，进行一些娱乐活动，有益于身体健康。

（2）夏季健身

夏季艳阳普照，地热蒸腾，天地之气交合。这样的环境对生物的生长发育非常有利，是自然界万物繁荣、争芳斗艳的季节。此时，人体的阳气也最易向外发泄。中医养生学认为，夏季应该"夜卧早起，无厌于日"，迎着初升的太阳坚持室外锻炼。最好能到高山森林、海滨地区去疗养，做做日光浴。若在夏季能进行20~30次日光浴，每次15分钟左右，所得的紫外线够使用一年。

根据中医养生学"春夏养阳"的原则，夏天不宜做过分剧烈的体育活动，因为剧烈运动可致大汗淋漓，而大汗过多，不仅伤阴，也可亡

春季户外活动

阳。因此，夏季体育锻炼的形式，最好是散步，一般以早、晚为好，散步时间以半小时为宜，速度不必拘泥，可因人而异，青年人适当快一些，中、老年人应稍慢一点。

俗话说"夏练三伏"，夏天坚持体育锻炼，能提高机体功能，增强体质，对身体是大有好处的。然而需要注意的是，不能忽略了气温条件，小心气温过高中暑。人体体温具有恒定性，一般维持在36.5~37摄氏度之间，不发生特殊情况一般是不大变动的。夏季锻炼时，外界环境温度过高，人体通过辐射、对流、传导等方式散热就会产生困难。尤其是环境温度超过皮肤温度时，人体会有一种烧灼的感觉，加之在烈日下暴

散 步

晒，人体内的热量不仅没有散出来，反而又吸收了外界的热量，结果散热难度加大，很容易引起中暑。

夏天在训练时，要注意防止日光晒伤皮肤。要尽量避免在烈日直射下进行体育锻炼，

夏季散步在海边

锻炼时间不要在中午。安排在上午11点以前或下午4点以后比较适宜，这个时候阳光不太强烈，不易晒伤。同时，还可以在裸露皮肤的地方涂抹防晒霜。如果必须在烈日下训练时，可以采取身体裸露部分被日光暴晒的时间由短变长，逐渐增加皮肤对日光的适应能力。

酷暑盛夏，为了保持身体舒适与健康，每天洗一次温水澡，温水澡是一项值得提倡的健身措施。洗澡不仅能够洗掉污垢、汗水，可以使皮肤清爽、清暑防病，而且还能起到锻炼身体的作用。因为温水在冲洗时的水压及机械按摩作用，能使神经系统兴奋性降低，体表血管扩张，加快血液循环，改善机体肌肤和组织的营养，减小肌肉张力，消除疲劳，改善睡眠，增强抵抗力。

夏季炎热，气温较高，很多人会觉得萎靡不振，感到整天昏昏沉沉，体重也会有些减轻。这种情况被称为"苦夏"。人们也可以克服"苦夏"，克服"苦夏"的最有效办法就是积极参加体育锻炼，以平衡

人体机能，同时要努力克服不良饮食习惯、睡眠习惯。努力使生活节奏有规律，保持身心健康。

（3）秋季健身

秋天来临，天地间阳气日退，阴寒日生，气候逐渐转凉，阳气渐收，阴气渐长，景物萧条，故人也应随阳阴收长养生。

秋季由于气压、气流、气温等现象的异常，昼夜温差一般变化较大，使人体对忽冷忽热的气候变化呈应急状态，而成为高血压、冠心病、心肌梗塞、中风等疾病的高发期。因此，秋季锻炼时更加要多加注意。

秋天是非常容易引起感冒的季节，所以，外出运动时，要注意增减衣服，防止过凉或过热。晨练时最好等身体运动发热时，再脱去多余的衣服。运动完后，要立即把汗擦干净，迅速穿衣服。同时要注意多喝白开水，保持鼻腔黏膜的正常分泌和呼吸道的湿润。再者要注意保健养

生，调理饮食，以润肺生津，养阴清燥的食物为主。

根据秋季气候特点，应该有针对性地选择适合自己的锻炼项目，才能起到较好的效果。适合秋季的锻炼运动较多，对于有锻炼习惯的人，还可以从夏末开始坚持游泳等项目，逐渐提高人体对寒冷的抵抗力。还要注意晨练的质量，然后适当地增加运动量和运动强度。有高血压或者心脏病的病人及老人、儿童和体弱者，进行锻炼时，最好进行医务监督，防止意外的发生。

在《道藏·玉轴经》所载秋季养生功法，即秋季吐纳健身法，对延年益寿有一定好处。具体做法是：每日清晨洗漱后，于室内闭目静坐，先叩齿36下，再用舌在口中搅动，待嘴里水满，漱练几遍，分8口咽下，并用意送至丹田。稍停片刻，缓缓做腹式深呼吸。吸气时，舌舔上颚，用鼻吸气，用意将气送至丹田。再将气慢慢从口呼出，呼气时要稍温（音纹，擦的意思）口，默念吧（音戏），但不要出声。如此反复30次。若秋季坚持练此功，尤对肺有强健之功效。正如《遵生八笺》所说："四三十遍，去肺家劳热，气垄咳嗽……四肢劳顿，胸背疼痛。"

科学健身健美

（4）冬季健身

冬季气候严寒，宇宙万物都处于收藏状态，人类的冬季健身应注意防寒保暖，使阴精潜藏于内，阳气不致妄泄，而与冬天的自然气候相适

冬季运动

应。这样才能"阴平阳秘"，祛病延年。冬日虽寒，仍要持之以恒进行自身锻炼，这是强壮身体的重要方法。但要避免在大风、大寒、大雪、雾露中锻炼。对于年老体弱的人应该早睡晚起，等到日光比较充足再开始进行体育锻炼。

《厚生训纂》中称：若常常按摩眼部，可使眼睛明亮，不得眼疾，亦可起到补肾的效果；常常按摩耳部，可防耳聋，亦能补肾；若常常按摩

脚下的涌泉穴位，可以祛风利湿，增强脚力；若能经常按摩身上，可使身体温暖，是保养形体的好方法。还须说明一点的是，在冬天冷高压影响下的早晨，往往会有气温逆差。

太极拳

冬季锻炼，由于昼夜差距大，阳光微弱，在室外锻炼，能弥补阳光照射的不足，充足的紫外线可以杀死皮肤上的细菌，对人体有消毒作用。紫外线还可以促进体内维生素D的生成，更好地对钙、磷加以吸收，有助于骨骼发育，尤其对青少年来说，更为重要。

老年人冬季锻炼最好要以室内为主，《内功图说》上记载的床上十二段锦，很适合冬季选用。其他导引调气的气功（如龟蛇功、八段锦）以及简易的太极拳、太极剑等，也可以根据自己的健康清况，适当选用。《琐碎录》中主张：在天亮鸡叫时，应叩齿36次。还说：每天早晨要以左右手按摩肾所在的位置，其次再按摩脚心，这样可不得脚气病。再用热手按摩面部，则使面部红润；用手背揉眼，可使眼睛明亮。

有的人害怕寒冷，一到冬天就躲在家里不愿出门，结果体质越来越差。我们的祖先在严寒的冬天坚持锻炼，得出"冬练三九"的重要结论。首先冬天是一年四季中的一环，缺少冬天这一环，不仅使身体素质下降，而且使整个锻炼毁于一旦，是不可取的。其次，冬天锻炼有助于巩固、提高自己的锻炼成果，并使自己处于良好的状态，能更好地发挥自己的水平。

## 科学健美

☆ 健美的历史探究

健美是与人的形体美密切相联的，健美是形体美的基础。人体有对称的造型、均衡的比例、流畅的线条、健康的肤色、坚强的骨骼、丰满的躯体、匀称的四肢、弹性的肌肉、这些是形体美不可缺少的条件。同时，健美还要求具有愉快的情绪、充沛的精神和青春的活力。

早在古希腊时代，运动健将们就用举重物来锻炼身体，通过锻炼，能得到强壮健美的体型，这些健美运动员，被雕塑家"记录"下来并留存至今。这是健美运动的早期萌芽。

19世纪晚期，德国人山道首创了通过各种姿态来展示人体美，而且为现代健美运动的发展奠定了基础，所以他被公认为"国际健美运动的创

健美比赛

始人"和"世界上第一位健美运动员"。

20世纪20年代，《肌肉发达法》《力的秘诀》等颇具影响的专著从理论上肯定了健美运动的作用。从20世纪30年代起，在一些欧美国家，健美表演逐渐变成一项竞技比赛——健美比赛，并扩展到世界各地，20世纪40年代初，加拿大人本韦德兄弟周游90多个国家和地区，宣传推广健美运动，于1946年创建了国际健美联合会，并商定和推行国际性健美比赛的组织、规则、裁判、奖励等事项。

1904年1月16日，首届大规模的健美比赛在美国纽约的麦迪逊广场举行。阿尔·特雷劳尔取得了最后的胜利，因而获得"全世界体格塑造最完美的男人"的头衔，特雷劳尔赢得一千美元奖金。一千元美金在当时是一个不菲的金额。两周以后，托马斯·爱迪生就请到了阿尔·特雷劳尔，将他进行身体造型，并且拍成了电影，在这之前的几年爱迪生也曾为山道拍过两部电影，这是最早将健美运动拍成电影的记录。

20世纪早期，贝尔纳·麦克菲登和查尔斯·阿特拉斯继续将健美推广至世界。阿洛伊斯·斯沃波达是

麦迪逊广场

160

美国早期健美运动的先锋。

亚洲的健美运动到20世纪40年代也有所普及，较早的是在香港、马来西亚等地。在我国，民族形式的石锁、石担等健身运动有很长历史，但作为近代的健身运动则在20世纪30年代，由欧美传入并逐步发展起来的。中华人民共和国成立后，特别是改革开放政策实施以来，我国政府积极推广健

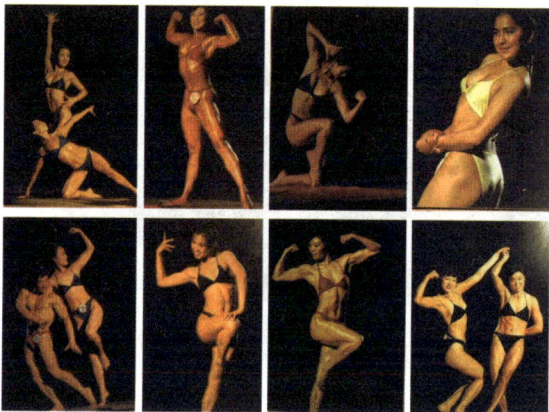

全国第四届力士杯健美赛剪影

美运动，先后在上海、广州建立了10个健美训练尝试场所。1983年，娄玉琢先生倡导举行了全国第一届"力士杯健美邀请赛"，并形成了一年一度的全国健美比赛。

（1）健美的黄金时期

从1940年左右一直到1970年是健美的"黄金时期"。在这段时期中，早期审美观开始发生变化，人们追求更加庞大的肌肉，对肌肉的对称性和轮廓清晰度提出更高要求。出现这样的情况，很大程度上是由于二战爆发，使很多年轻人开始追求更加强壮的体格和更热烈的性格，他们通过提高营养水平、改善训练技巧和使用更有效的器械达到了健美的目的。新的比赛也因健美运动的发展而兴起。

加利福尼亚州的"肌肉海滩"是这段时期的健美标志。这段时期中健美界著名的名字包括史蒂芬·里维斯（因饰演赫拉克勒斯，希腊神话著名大力士以及其他古代力士英雄形象而出名）、雷格·帕克、约

科技化的运动 体育

翰·格里梅克、赖利·斯考特、比尔·珀尔以及"小天使"艾文·科泽斯基。

随着美国业余竞技联盟（简称AAU）的兴起，1939年，美国业余竞技联盟在既有的举重比赛中增加了健美比赛项目，第二年该赛事被命名为"AAU美国先生"。

国际健美联合会以色列分会

20世纪40年代前后，很多健美运动员开始抱怨AAU只允许业余运动员参赛，并且仅仅偏重于奥运会举重项目的做法。这促使韦德兄弟——本·韦德和乔·韦德——发起组织了国际健美联合会（简称IFBB）。他们组织的比赛"IFBB美国先生"开始对职业选手开放。

1950年，另一个名为国家业余健美协会（简称NABBA）开始在英国举办"NABBA宇宙先生"的比赛。1965年，又一个重大赛事"奥林匹亚先生"开始举办。目前"奥林匹亚先生"是健美界最顶级的赛事。

起初健美比赛仅由男性参加，到后来的1965年NABBA开始加入"宇宙小姐"，到1980年"奥林匹亚小姐"也开始被引入。

（2）健美的现代时期（20世纪70年代后）

20世纪70年代，由于阿诺德·施瓦辛格的影片《铁金刚》，健美吸引了很多公众的眼光。在这之前，IFBB已经在此项运动中占统治地位，AAU占一席后座。

1981年，吉姆·马尼奥恩刚从AAU体格委员会主席职位卸任，便

162

成立了国家体格委员会（简称NPC）。NPC开始成为全美最成功的健美组织，它是IFBB的业余组分部。80年代末90年代初，AAU赞助的健美赛事每况愈下；1999年，AAU通过投票决定停办健美赛事。

在这段时期中，类固醇开始被越来越多地使用在健美及其他运动项目中。为了抵制这一现象，IFBB开始引入针对类固醇和其他禁用物质的药检制度，这也是为了使IFBB能被国际奥委会接纳为会员。尽管有了药检制度，大部分职业健美运动员仍然为了比赛继续使用类固醇。20世纪70年代，人们还能公开讨论类固醇的使用，因为它在当时完全合法；然而1990年美国国会通过的《类固醇管制法案》将类固醇列为《管制物品法案》中的III级管制物品。

1990年，职业摔跤团体发起人文斯·麦克马洪宣布成立一个

《铁金刚》

奥林匹亚先生

文斯·麦克马洪

新的健美组织"世界健美联盟"（简称WBF）。麦克马洪希望把世界摔跤联盟（WWF）的表演风格和更加丰厚的奖金带入健美界，并与13名参赛的运动员签了丰厚的劳资合同，实际上其中一些人在那时的健美界里只是无名小卒。投身WBF的运动员很快就抛弃了IFBB。作为WBF成立的回应，IFBB主席本·韦德将那些与WBF签订合同的健美运动员列入黑名单。

IFBB还偷偷停止了对其旗下运动员的类固醇药品检查制度，因为进行药检的IFBB与不进行药检的新成立组织对抗过于困难。1992年，美国联邦调查局（FBI）开始调查文斯·麦克马洪及WBF组织涉嫌类固醇交易一案，麦克马洪被迫为WBF运动员建立药检制度。结果WBF当年的比赛质量非常跌份。麦克马洪于1992年7月正式解散WBF，原因可能是他对WBF比赛转播的付费观看收入以及WBF刊物《健美生活》（后来此杂志变为《WBF杂志》）销售状况不乐观，加上多份6位数的合同、每月两次的电视转播以及每月一期杂志的发行，WBF的运营入不敷出。然而，

WBF的成立对于IFBB运动员来说有两点好处：其一，它促使IFBB创始人乔·韦德与许多顶级健美明星签订了合同；其二，它促使IFBB提高了签署合同的奖金额度，乔·韦德最终也让那些曾经与WBF签过合同的运动员缴纳他们在WBF年薪的10%作为罚金，重新回到IFBB。

21世纪伊始，IFBB试图将健美推广为奥运会项目。2000年，IFBB成为国际奥委会正式成员，并试图让健美成为奥运会展示项目，进而成为常规项目，但是最终未能成功。健美是否符合奥林匹克体育运动的定义这一点尚有争议，有人认为健美比赛的过程中并不涉及到体育性竞争。另外还有人总有一种错觉，认为健美比赛一定会涉及奥运会严格禁用的类固醇。赞成者则认为健美中的造型比赛项目需要技巧和准备，因此健美应当被认为是一项体育。

2003年，乔·韦德将韦德出版社卖给了发行The National Enquirer的美国媒体集团（简称AMI），同时本·韦德连任IFBB主席。2004年，奥林匹亚先生比赛的主办人韦恩·戴米

本·韦德

勒突然离开IFBB，比赛转由AMI主办。

（3）健美的现状

现代的健美运动是以展示人体美为特征。男子的健美标准是：身材高大而强壮、肌肉发达而均衡、肩宽臂圆、体力充沛、体质健康等。女子健美标准是：体型匀称，姿态优雅，胸部丰满，肩圆腰细，肤色光洁润泽等。健美要与心灵美相结合，有了健康美好的心灵，才能有健康美好的情绪，才能有健康美好的姿态动作和健康美好的行为，只有心灵美，才能有真正的健美。

健美运动

☆ 健美标准谈

人体健美是健、力、美三者的结合。它包含了生长发育健康而又完善的机体，发达有力的肌肉，优美的人体外形和健康向上的精神气质。从古至今人们都执著地追求人体美，但是，由于人们所处的时代不同，文化程度、社会经历、职业、性别、年龄、民族等的差异，对什么是人体美却都有着各不相同的看法。

我国体育美学研究人员胡小明根据中国的实际情况提出了如下人体美的标准："男性骨骼发育正常，关节不显粗大突出；肌肉均匀发达，皮下脂肪适当；五官端正，与头部配合协调；双肩对称，男宽大圆；脊术背视成直线，侧视具有正常的生理曲线；胸廓隆起，正背面略呈V形，男子有腹肌垒块隐现；女性胸廓丰满而有明显曲线；腰细而结实做呈圆柱形；腹部扁平；臀部圆满适度；腿修长，大腿线条柔和，小腿腓部稍突出，足弓高。"

体型是指人体的外形特征和体格类型，它受遗传因素影响，有性别差异，随着年龄而变化，但也可以通过后天锻炼整合完善。良好的先天体型为形体健康提供了有利条件，良好的后天体型则是健美锻炼的结果，也是形体健美的基本特征。良好的体型标准如下：

一、骨路发育正常，关节不显得粗大凸出，身体各部分之间的比例适度，呈匀称感。

二、男子肌肉均衡发达，四肢肌肉收紧时，其肌肉轮廓清晰；女子体态丰满而无肥胖臃肿感，男女皮下脂肪适度。

三、五官端正，自然分布于面部，并与头部的比例配合协调。女子应眼大眸明，牙洁整齐，鼻子挺直，脖颈修长；男子应面孔轮廓清晰分明，五官和谐，眼睛有神。

四、双肩对称，男子应结实、挺拔、宽厚；女子应丰满圆润，微呈下削，无耸肩或垂肩之感。

五、脊柱背视成直线，侧视具有正常的生理曲线。肩胛骨无翼状隆起和上翻之感。

健美的男性

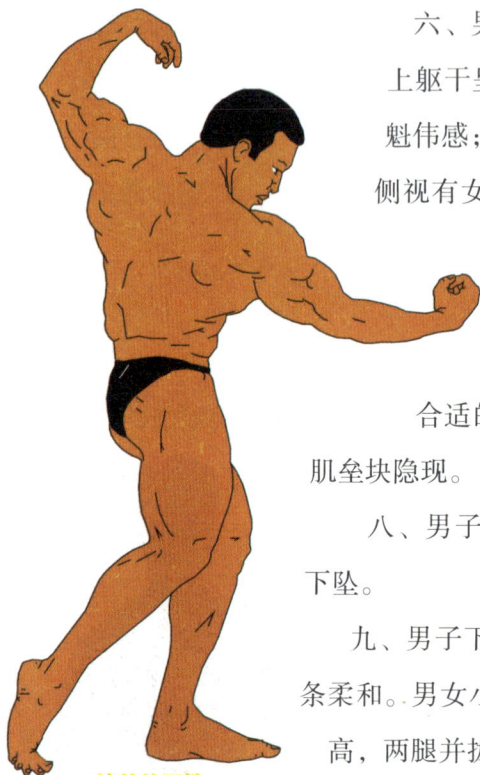

健美的男性

六、男子胸廓宽阔厚实，胸肌隆鼓，背视腰以上躯干呈"V"形（胸宽腰窄），给人以健壮和魁伟感；女子乳房丰满挺拔，有弹性而不下坠。侧视有女性特有的曲线美感。男女都无含胸驼背之态。

七、女子腰细有力，微呈圆柱形，腹部扁平，无明显脂肪堆积，具有合适的腰围；男子在处于放松状态时，仍有腹肌垒块隐现。

八、男子臀部鼓实，稍上翘；女子臀部圆满，不下坠。

九、男子下肢强壮，双腿矫健；女子下肢修长，线条柔和。男女小腿长而腓肠肌位置较高并稍突出，足弓高，两腿并拢时正视和侧视均无屈曲感。

十、整体看无虚胖、瘦弱、纤细、歪斜、畸形、重心不稳、比例失调等形态异常现象。

（1）男性健美的标准

①肌肉发达，体魄健壮

肌肉是人体力量的源泉，同时也是力的象征，因此，健美的体型、健壮的体魄是和发达的肌肉密切相关的。在艺术家、人类学家和体育家的眼里，发达的肌肉和健壮的体魄是人体美的重要因素。

有了发达的颈肌能使人颈部挺直，强壮有力；发达的胸肌（胸大肌、胸小肌）能使人的胸部变得坚实而挺拔；发达的肱二头肌、肱三头肌及前臂肌群，可使手臂线条、鲜明，粗壮有力；覆盖在肩部的三角肌可使肩部增宽，加上发达的背阔肌，就会使躯干呈美丽的V形；有力的骶棘肌能固定脊柱，使上体挺直，不致弓腰驼背；发达的腹肌能增强腹压，保护内脏，有利于缩小腰围，增强美感；发达的臀部肌肉和有力的下肢肌肉，能固定下肢，支持全身，给人以坚定有力之感。总之，发达而有弹性的肌肉是力量的源泉，也是健美的象征。

②体型匀称，线条鲜明

体型主要反映人体的外部形象，无疑是构成人体健美的重要因素之一。从研究人体美的角度来看，以脂肪所占的比例，肌肉的发达程度，并参照肩宽和臀围的比例，作为划分体型的条件比较合适，这样可将体型分成胖型、肌型（或运动型）和瘦型三类。

胖型：其特点是上（肩宽）下（臀围）一般粗，躯干像个圆水桶，腰围很大。腹壁的脂肪很厚，在腰两侧下垂，腹部松软，肚脐很

健美的男性

深。胸部的脂肪多而下坠，有些女性化。一般都短粗颈、双下巴。体重往往超过标准体重约30%～50%。

瘦型：其特点和胖型相反，腰围很小，一躯干上小下大，肩窄，胸平。四肢细长，肌肉不丰满，线条不明显。颈部细长，无双下巴。体重小于标准体重25%～35%。

肌型（运动型）：其特点是肩宽、臀小，背阔肌大，上体呈倒三角形。腰围较细，腹部肌肉明显。四肢匀称，肌肉发达。颈部强壮有力，无双下巴。体重少于或超过标准体重5%左右。

经常从事各项体育活动的人，特别是运动员，多为肌型（运动型）。他们身材匀称，肌肉发达，线条鲜明。知道了体型分类，就可通过健美锻炼来改善自己的体型，身体肥胖的通过锻炼来减肥，身体瘦弱的也可以通过健美锻炼来增加体重，力求使体格强健而匀称，肌肉发达而柔和。

③皮肤健美

皮肤健美是人体美的重要表征。苏联著名诗人马雅科夫斯基称颂结实的肌肉和古铜色的皮肤是世界上最美丽的衣裳。的确，皮肤是健康状况的镜

健美的男性

子，红光满面气色好的人才有精神；相反，脸色发灰精神疲惫的人，往往是身体衰弱多愁善感的病人。红润光泽的肌肤和经常锻炼、适当的营养、正常的生活制度以及乐观的情绪等因素有关。我们应注意经常锻炼身体，保护好皮肤。

④精神饱满，坚韧不拔

精神饱满其外在的表现是皮肤健美、姿态端正、动作潇洒，其内在的表现则是富有朝气、勇敢顽强、坚韧不拔。

⑤勇敢坚定，坚韧不拔

中华民族历来重视人的精神气质，在赞美英雄的形象和力量的同时，总要更突出地称颂英雄的宏伟气魄。人是一个有机的统一整体，同样，人体美也同外部表现的形体美和内在体现出的精神气质美和谐统一，两者有机结合才能称得上真正的健美。因此，必须具有勇敢无畏的精神，坚韧不拔的顽强意志。刚毅果断的性格和良好的品德修养。这种

健美的男性

男性健美冠军

美发自心灵深处，却又能通过人的一举一动、一言一行而在外部表现出来，并使得别人能够感受得到。这就要求在进行健美锻炼的同时，必须注意加强思想作风、意志品质、精神气质的锻炼和修养。

⑥姿态端正，动作潇洒。

中华民族有着悠久的文明历史，历来重视人的一言一行、一举一动。优美的坐姿应该是抬头、挺胸、直腰、收腹。切忌含胸弓背，因为这是造成脊柱弯曲、腰背疼痛的病因，而这样的坐姿也必然会使人显得精神萎靡不振。优美的站姿应该"三挺一睁"，即挺颈、挺胸、挺腿，两眼圆睁。要目视前方，头颈、躯干和脚在一条垂线上，两臂自然下垂。切忌弓腰挺腹，过分偏移重心至一腿的站姿。长期这样会造成脊柱变形、一肩低垂等毛病。优美的走姿不是一摇三晃，也不是八字横行，而应该保持身体挺直、挺胸收腰、微收小腹的姿态，膝和足尖始终正对前方行进，两臂自然摆动，步伐稳健而均匀。

优美的姿态和潇洒的动作，既符合人体解剖学和生理学的规律，又能给人以健美的印象。

总之，男性应该具有发达的肌肉、健壮的体魄、匀称的体型、魁梧的身材、端正的姿态、潇洒的风度，以及发自心灵深处的勇敢无畏、刚毅果断、坚韧顽强的精神气质的阳刚之美。

（2）女性健美的标准

社会发展到今天，无论是生产、生活还是审美，都要求现代女性应该是结实精干、富有区别于男子的曲线美，既不失女性的妩媚，又足以担起社会责任，从体型来说，女性是以"健美匀称"为标准。

除了要符合上述一般人应具备的健康标准之外，还应该具备以下标准，才能符合现代的健美要求。

①肤色

肤色能反映人的精神面貌，与人的气质有较多的联系。我们一般对肤色美的认同标准是红润而有光

健美健康的女性

173

泽。就全球而言，不强求以某一种肤色为标准，但以比较细腻为好。

　　良好的心理状态也是女性健美不可缺少的重要因素。即使身材再好，如果显出一幅病态或者懒惰的情绪，再美也要打折扣了。要保持健康的心理状态，就要从不良的环境中摆脱出来，减少对烦恼、焦虑、忧郁等不良情绪的记忆，使自己在精神、精力方面均处于良好状态。心理状态好，还有利于血液循环，可以改善女性皮肤，使其光泽润滑、富有弹性。

　　②肌肉

健美的女性

　　肌肉健美表现在富有弹性和显示出人体形态的一种协调，过胖、过瘦、臃肿松软或肩、臂、胸部细小无力，以及由于某原因造成身体某部分肌肉过于瘦弱或过于发达，都不能称为肌肉美。

　　③骨骼

　　匀称、适度的骨骼应是站立时，头、颈、躯干和脚的纵轴线在一垂线上；肩稍宽，腰椎、臀骨、腿骨发育良好，无畸形；头、躯干、四肢的比例及头、颈、胸的联结适度；上下身比例符合"黄金分割"定律，即以肚脐为界，上下身之比为五比八。若是身高160厘米，体重和其他各部位较理想的标准是：体重50千克左右，肩宽36厘米至38厘米，胸围84厘米至86厘米，腰围60厘米至62厘米，臀围86厘米至88厘米。

通常，人们还会从以下几个方面来衡量女性的健美：

健美运动

①肤色红润晶莹，充满阳光般的健康色彩与光泽。肌肤柔润、光滑，富有弹性；体态丰满而不是肥胖臃肿；眼睛大而有神，五官端正并与脸型配合协调。

②骨骼发育正常，身体各部分均匀相称；双肩对称、浑圆，微显瘦削，无缩脖或垂肩的感觉。

③整体看起来无粗笨、虚胖或过分纤细、弱小的感觉，重心平衡，比例协调。

④胸廓宽厚，胸肌圆隆，乳房丰满而不下垂；脊柱背视成直线，侧视有正常的体型曲线，肩胛骨无翼状隆起和上翻的感觉。

⑤腰细而有力，微呈圆柱形，腹部呈扁平状，标准的腰围应比胸围

约细1/3左右；臀部微上翘，无下坠感。

⑥下肢修长，两腿并拢时下视和侧视均无弯曲感。双臂骨肉均衡，玉手柔软，十指纤长。

☆ 姿态健美的标准

　　我国古代对人基本姿势就有明确的标准，如行如风、坐如钟、站如松、睡如弓等。优美的姿态，潇洒的风度，给人以美的享受。

　　姿态美是人们在长时间生活、工作、学习过程中形成的一种习惯的姿势定势，受个人知识水平、文化素养等影响。从一个或几个简单的坐、立、行、走的动作，可看出一个人的修养和风度。

　　（1）行走

　　正确的健美行走姿势应该躯体移动正直、平稳，但不僵硬、呆板；两

健美的女生

臂自然下垂摆动协调；膝盖正对前方，脚尖略外撇，落脚时脚后跟先着地，再逐渐过渡到脚尖，两脚交替前移的弯曲程度不要太大，步伐稳健而均匀有力。

（2）站立

正确的健美站立姿势应该是头、颈、躯干、脚的纵轴在一条垂直线上，挺胸、收腹、立颈、收颌、沉眉、紧臀、两腿上拔、两臂自然下垂，呈一种优美挺拔的姿势，给人以赏心悦目的感觉。

（3）坐

正确的健美坐姿应该是入座要轻，手托椅把扶手，并支撑屈膝，上体前倾，缓缓入座，臀部坐于座前1/3或1/2处。上体保持挺胸、直腰、收腹、腰髋收合，腿脚稍分，手稍撑于大腿。两腿不要摆的太宽、太大，更不要跷"二郎腿"，或倚东靠西。

瑜珈站姿

瑜伽坐姿

☆ 走出健美误区

随着健美的流行越来越广泛，参加健美锻炼的人也越来越多。但是有许多健美爱好者受到一些似是而非的理论或流行说法的误导，特别是一些初练者和没有教练指导的健美爱好者，参加健美有很大的盲目性。并且容易走近一些误区，下面就简单的介绍几个普遍的错误观念。

（1）在健美中单纯追求肌肉发达

现在许多健美爱好者在健美训练中一味地追求肌肉发达，这种做法是错误的。男性青年想把自己的肌肉练发达些、壮实些，这是可以理解的，也并没有什么不好的。但若过分强调肌肉的体积，在日常生活中往往不能给人以美感，也不便于劳动。

肌肉男人

希望有更多的人参加健美运动，也希望每个健美锻炼者更加健美。但每个健美爱好者都应该量力而行，不必以现有的杂志封面上的健美力士为标准，也不必因没有他们那样发达的肌肉而失望。就人体的外形而言，匀称协调才是健美。一味的追求肌肉发达是没有什么意义的。

（2）每天仰卧起坐可以减少腹部脂肪

仰卧起坐

一个人的脂肪是遍布全身的，而不是只存在于身体的某一个部位。要想只在身体的某一部位减肥几乎是不可能的。健美运动时用于供能的脂肪是来自全身各部位的类脂化合物液体，而非某一特定部位的脂肪组织。不进行全身性的健美运动，而只练仰卧起坐，只会增加腹部肌肉的力量，不会把腹部脂肪消除掉。所以要想局部减肥，必须全身减肥。

（3）健美停止后，肌肉会变成脂肪

许多健美运动员停止训练后，身体发胖，所以人们误认为肌肉会变成脂肪。其实，停训后体重增加的原因很简单，是因为他们不想以前参加健美比赛时那样经常进行大规模的训练，肌肉的体积因而变小，同时由于饮食量同以前一样，热量收入大于支出，因此他们的皮下脂肪增厚，体重增加。

但对于业余健美者来说，健美并不是职业，日常进行的健美锻炼也

是不如运动员的运动量大，因此，即使停止锻炼，反差也不会太大。

（4）只要参加健美，就会肌肉发达、体型健美

虽然人体的器官经过长时间的健美锻炼，骨骼、关节、肌肉和韧带，都会发生一定的适应性形变，特别是肌肉和脂肪组织，因此说人的体型是可以通过健美锻炼会发生改变的。但是人的长相、身高、体型等，同时也是受遗传与环境因素影响的。有些形态指标受先天遗传因素影响较大，如五官分布、肢体长度等。它们虽然经过后天的锻炼会发生某些变化，但是改变却不是很大。

再加上一些人的各项形态指标不均衡生长发育。因此，人的体型变化范围是有限的，并且是有条件的。

（5）锻炼有灼热感和疼痛感才算好的效果

肌肉的灼热感是因为运动时，肌肉组织缺乏足够的氧去消除机体内产生的乳酸。而肌肉疼痛感则是由于局部肌肉痉挛或牵扯使围绕肌肉纤维的结缔组织损伤所引起的。所以，健美者并不是只有等到肌肉有灼热

健 身

感和疼痛感才有好的锻炼效果，有时反而会出现机体疲劳或损伤。

（6）锻炼是否有效与出汗多少成正比

锻炼过程中，一个人所处的环境的温度、湿度以及他本身的身体健康状况、体内水分储藏量的多少决定了他出汗的多少。人的体温是相对恒定的，在锻炼时

锻　炼

体内产生热量，必须加以散热，而出汗正是散热的有效途径。它是一种生理上的反应，而不能成为检测健美效果的标准。有时锻炼后，会出好多的汗，表面看体重似乎减轻了，但是过24~26小时内，体内的水分恢复正常，体重也会随之复原。所以通过大量出汗来减轻体重是不可能的。

运动应该是使人感到舒适或可以忍受，才是有益的运动，绝对不应对身体产生伤害，或使运动者感到疲劳。假如出现这种情况，不是运动方法错误，就是在运动中已经伤及身体。健美锻炼应该量力而行，锻炼适量效果更好。

☆ 克服肥胖

肥胖已经是社会发展的一个趋势，现代的人出行有车，人们运动的机会越来越少。因此，减肥也就成了社会的一个整体趋势。

提起减肥，人们想到的大都是节食、运动，但这些方法往往很难坚持，有时也未必见效。中医将一般肥胖简单分为四型，每种肥胖有各自

# 科技化的运动

体育

不同的减重方式。

（1）降低热量的摄取

营养学家认为，无论你控制什么，蛋白质、碳水化合物或脂肪，最终降低的是热量的摄取。如果常见的高热量食物一个人每天少摄取800大卡的热量，可在6个星期内减少10磅体重；少摄取500大卡，可在2个半月内减轻10磅体重。但切忌体重降得过快，否则是很危险的。须知每人每天至少要摄取1200千卡的热量，如果供给身体的热量太少，就会失去肌肉。肌肉是人体消耗热量、促进新陈代谢的关键。

（2）减少食物的摄入量

要想减轻体重，无须放弃喜爱的食物，重要的是要加以控制。如果偏爱某种食物且食用量大，那就要注意减少每次的分量。不是每周4次，每次200克肉的食用量，而是每次100克，这样就可以少摄取1200千卡的

食物的摄取

热量，可在大约7个半月的时间内明显减少体重。建议减肥者在厨房放一个秤，贴一条提示标语，注意提醒自己摄取食品的重量。

（3）少吃1口肉2个月减10磅

专家们指出，每1克脂肪合9千卡热量。与脂肪相比，碳水化合物和蛋

健美操

白质每克所含热量要低得多，约4千卡。因此，要减肥不必少吃东西，可以用新鲜的蔬菜、水果、谷物代替每日所食用的含脂肪的食物（如奶油等食物），专家们认为，如果做到每天只吃20~40克脂肪，可以在2个月内减轻10磅体重。然而，不是每个人少吃脂肪都能减肥，如果碳水化合物食用过多，也会使体重增加。

（4）固定锻炼

每周进行3~5次固定锻炼，不失为减少体内脂肪、减轻体重、增加肌肉、使精力充沛的好方法。跑步，每周5次，每次45分钟，每分钟170米的速度，可在3个月内减少10磅；跳舞，每周6次，每次1小时，可在4个月内减少10磅；游泳，每周4小时，可在4个月内减少10磅；骑自行车，每周4次，每次1小时，每小时15千米的速度，可在5个月内减少10磅。如果以前没有进行过固定的锻炼，开始时要少做一些，以防伤害身体。运动量过大，会增加食量，这样也达不到减肥的目的。

端 坐

# 科技化的运动

**体 育**

另外，可以再上班途中锻炼"瘦身操"

乘车时如果坐着，就并拢双腿从地面抬起5厘米左右，将鞋底悬着。这能够锻炼腹肌。抬起的时间保持几站路，站着训练大腿前侧。抓住车内吊环站立时，双腿前后交叉，将后腿全力向前推出。这对训练前脚大腿有效。训练时不停止呼吸，保持6秒钟，左右各做1~3次。等信号灯时收腹部。将注意力集中在腹部上，全力收紧6秒钟。感觉将肚脐贴近后背。每天要留心经常这样做。

（5）每天1餐流食，5周减10磅：

通常，流食的制做是很方便的。若每天有一餐只食用流食或饮料，则可在8个月内减轻10磅体重。流食要多样化，以免缺少营养。在医生指导下，甚至可以每日两餐流食。这样可在5个星期内减轻10磅体重。但要确保所选择的流食能提供身体所需的营养素和蛋白质，并要保证一日三餐。

（6）走45分钟半年减10磅

坚持每周5天，每天1次，每次在45分钟内走5千米的路程，这样做可在6个月内减去10磅体重。若在45分钟内走6.5千米，则体重下降得更快。也许有人会说"没有时间散步"。其实，时间是挤出来的。心血管医生指出：采用这种减肥方法可能会增加食欲。因此，散步之前或之后，可以吃一些低脂肪的食品或新鲜水果，多喝水，以补充因出汗减少的体内水分。

（7）力量训练

力量训练能增强肌肉。肌肉越多，新陈代谢就越快。每周进行3次45分钟的举重锻炼，可在10个月内减少10磅体重。为避免弄伤身体，应请教练帮助选择适当的重量和制订适宜的锻炼计划。锻炼前后要做伸展运动，以保持身体的灵活性，举重的重量和次数可逐步增加。

（8）减少脂肪摄入与举重结合

这种方法可以消耗体内多余的脂肪，保持好的体型，增长肌肉，加快新陈代谢，促进心血管的健康。每天少食20克脂肪，举重20分钟，每周进行3次，可在3个半月内减少10磅体重。

（9）降低热量摄取与散步结合

慢跑

以苏打水代替可口可乐，每天可少摄取150千卡的热量。若再加上每周5次，每次45分钟的5千米散步，则可在3个月内减少10磅体重。如果降低的热量再多一些，仍保持上述的散步，则可在7个星期内减少10磅体重。

（10）最佳的选择

根据上述九种方法，制订一个循序渐进和能够保证实施的计划，其中，最理想的组合方案是控制脂肪的摄入，加强锻炼和力量训练。只要有信心并坚持不懈，持之以恒地去做，就一定能

苏打水

达到减轻体重、增强肌肉、促进心血管健康和肌体新陈代谢的目的。每天减少100千卡热量的摄入，每周进行3次散步，每次用30分钟走3千米，每周做2次举重锻炼，每次40分钟。如此组合，可在5个月中减少体重10磅。开始时就将三种方法结合起来做，可能不太适应，不妨试着逐渐增加。比如，一种方法一种方法地加上去做。要有耐心，不要急于求成。

专家指出妇女以每周减1~0.5磅体重最为理想，男性以每周减1~2磅体重为宜。

坚持并持之以恒地锻炼，能保持健康的体魄，最终达到强健体魄、延年益寿的目的。